ROBERTO RUBAN

Fui Promovido! E Agora?

Como Turbinar e Acelerar seu
Autodesenvolvimento Profissional

*m.*Books

M.Books do Brasil Editora Ltda.

Rua Jorge Americano, 61 - Alto da Lapa
05083-130 - São Paulo - SP - Telefones: (11) 3645-0409/(11) 3645-0410
Fax: (11) 3832-0335 - e-mail: vendas@mbooks.com.br
www.mbooks.com.br

Dados de Catalogação na Publicação

Ruban, Roberto
Fui Promovido! E Agora? Como Turbinar e Acelerar seu
Autodesenvolvimento Profissional / Roberto Ruban.

2010 – São Paulo – M.Books do Brasil Editora Ltda.

1. Autodesenvolvimento   2. Liderança   3. Negócios

ISBN: 978-85-7680-091-0

©2010 Roberto Ruban

Editor
Milton Mira de Assumpção Filho

Produção Editorial
Lucimara Leal

Coordenação Gráfica
Silas Camargo

Editoração e Capa
Crontec

2010
M.Books do Brasil Editora Ltda.
Todos os direitos reservados.
Proibida a reprodução total ou parcial.
Os infratores serão punidos na forma da lei.

Agradecimentos

Este livro foi escrito como forma de agradecimento às pessoas que me ajudaram durante toda a minha vida profissional, mas eu seria injusto se não reconhecesse algumas pessoas que se dispuseram a torná-lo melhor.

Quatro pessoas contribuíram decisivamente neste projeto. São elas: Claudia, minha esposa, minha paixão e dura crítica literária, que se colocou no papel de leitora tantas vezes, desafiando-me a produzir um livro mais leve e mais fácil de ler, mais prático e menos pretensioso. Ela foi quem me possibilitou "encurtar" alguns capítulos e tornar outros menos acadêmicos. Maria Eliria Lelli Gomes, com quem convivo profissionalmente há tantos anos, que utilizou toda sua experiência e sensibilidade para torná-lo mais equilibrado e mais claro. Alfredo Bottone, que fez uma revisão minuciosa do conteúdo e da coerência do texto, mostrando-me o que valia à pena destacar, além de me dar sugestões específicas que decisivamente melhoraram o conteúdo. Milton Assumpção, editor do livro, que com sabedoria ajudou-me a direcionar o texto para que atingisse meu objetivo e um público alvo definido.

Quero também registrar meus agradecimentos sinceros a Marcos A. Molina dos Santos, José Mayr Bonassi, Ricardo Florence, Alex Simões Toledo e Fabio Mestriner, que possibilitaram a materialização de minhas ideias em algo concreto.

Sumário

Prefácio 9

Apresentação 11

1. ESTOU GERENTE... 13
    Processo de Comunicação 20
    Ensinando e Aprendendo 22
    Desenvolvendo suas Habilidades de Comunicação 23

2. NÃO PERCA O SEU EMPREGO LOGO AGORA 29
    Como Evitar Riscos, Desnecessários 30

3. DESMISTIFICANDO O ERRO 41
    Pessoas Perfeccionistas 48
    Erros Fatais 49
    Reconhecimento 50

4. TRIPALIUM, SALARIU E SUCCESSUS 53
    Transpondo as barreiras 56
        Perseverança 56
        Tenacidade e resiliência 57
        Afastar seus medos 58
    Conclusão 60

6   Fui Promovido! E Agora?

5. VOVÔ VIU A UVA **63**
Filtrando o que se Ouve 64
Faça a Pergunta Certa 65

6. MELHORAR OU INOVAR? **69**
Deming, o Milagre Industrial Japonês e a Melhoria Contínua 75
Por Que as Empresas Inovam? 78
Preparando a Empresa para Inovação 80
Como Definir a Capacidade de Inovar de uma Empresa? 81

7. VOCÊ É X OU Y? **83**
Você É X ou Y? 84
Geração dos Velhos 86
Geração dos Baby Boomers 87
Geração X 87
Geração Y 88
Conclusões 90

8. DICAS ÚTEIS PARA MANTER SUA EQUIPE MOTIVADA **93**
Como Manter a sua Equipe Motivada 96

9. DIGA NÃO, DIGA SIM, DIGA O QUE PENSA! **105**
Engolidores de Sapos 107
O Que Separa os Agressivos dos Assertivos 108
Crenças 109
    Crenças das Pessoas Agressivas 109
    Crenças das Pessoas Passivas 110
    Crenças das Pessoas Assertivas 111
Conclusão 113

10. NÃO SE TORNE UM COIOTE **115**
Mas afinal, o que faz com que o Coiote falhe tanto? 116

11. DEMITIR OU "PASSAR O FACÃO"? **119**
Como Proceder em cada uma das Três Categorias de Demissões. 121
    Demissões motivadas por falha grave 121
    Demissões por redução do efetivo 122
    Demissões por desempenho insuficiente 123

Fatos Comuns a Todas as Demissões.. 125

12. ESTÁ COMPLICADO!..127
KISS 128
Navalha de Occam 129
Os Seis Criados de Kipling 131
Conclusão.. 132

13. UM POR MIM, TODOS POR MIM!..133
Integridade no Trabalho... 135
Ética no trabalho.. 136

14. GERENCIANDO SEU CHEFE 139
Afinal, o Que É Gerenciar o Chefe?.. 140
Como Fazer Isso? 141
O que seu chefe precisa? 142
O que seu chefe quer?... 143
Do que seu chefe gosta? 145
Cacareje e Apareça!.. 146
Aprenda a "Pedir a Ração".. 148
Algumas responsabilidades de seu chefe para com você..... 148

15. NEGOCIANDO..151
Desmistificando... 152
Que tal desmistificar as coisas?.. 153
Preparação.. 155
O Que Queremos? O Que a outra Parte Quer? 155
O Que Não Queremos? O Que a Outra Parte Não Quer?......... 157
O Que Poderemos Conceder?.. 157
Quais nossas Alternativas? Quais as Alternativas da outra Parte?159
Quais nossos Pontos Fortes e Fracos? 159
Conclusão.. 160

16. ENTROPIA ORGANIZACIONAL 161
Criando as Condições.. 163
Controlando a Entropia 165
Caso real 166
Um Pouquinho de História 167

8   Fui Promovido! E Agora?

17. OLHANDO PARA FORA **171**
Orientando-se para o Cliente 174
Orientando-se para o Mercado 175
A imprevisibilidade 177
A Empresa Voltada para o Mercado 179

18. ALICE,O GATO, A RAINHA E O CEO **183**
Etapas do Processo de Planejamento Estratégico 186
Onde Estou? 187
SWOT (Forças, Fraquezas, Oportunidades e Ameaças) 188
Forças 188
Fraquezas 189
Oportunidades 190
Ameaças 191
Visão 192
Valores 194
Questões Críticas 194
Metas e Objetivos 194
Mais uma Última Sugestão 196

Notas e referências **199**
Capítulo 1 199
Capítulo 2 200
Capítulo 3 200
Capítulo 4 201
Capítulo 5 201
Capítulo 6 202
Capítulo 7 202
Capítulo 8 203
Capítulo 9 204
Capítulo 10 204
Capítulo 12 205
Capítulo 13 205
Capítulo 14 206
Capítulo 15 206
Capítulo 16 206
Capítulo 17 207
Capítulo 18 207

Prefácio

Em minha vida profissional, procurei sempre trilhar pelo caminho da simplicidade, agilidade, determinação e transparência.

Cada grande gestor que conheci em minha carreira simbolizou um "bom" livro de administração para mim, porque procurei tirar proveito de "como" e "o quê" essas pessoas faziam para obter resultados e aprendi com elas e quero continuar aprendendo ainda mais a cada dia.

Procuro transmitir essa forma de "ser" para o nosso time e, ao mesmo tempo, procuro identificar os pontos fortes dos nossos gestores para me apoiar nas decisões mais importantes que devem ser tomadas.

Hoje, antes da contratação de um gerente ou um diretor para o Grupo Marfrig, procuro conhecer, com o apoio de profissionais especializados, se o perfil do candidato está alinhado com as competências que requeremos para a nossa empresa. Por meio de ações de treinamento, desenvolvimento e *coaching*, otimizamos o potencial da equipe, bem como criamos um ambiente de muita integração e sinergia entre pessoas e áreas.

Este livro é um ótimo exemplo do "prático", porque, com sabedoria, faz uma verdadeira viagem ao mundo da administração, conciliando as teorias às práticas da vida real. É uma leitura obrigatória para jovens que imaginam se sentar numa cadeira um dia e virarem "chefe" e que isso lhes trará prestígio, "fazer pouco" e "mandar muito" e sentirem-se seguros porque podem culpar os outros. Porém, esta obra desmistifica tudo isso, mostrando, ao contrário, que é preciso arregaçar as mangas, esquecer que há uma cadeira confortável à espera desses iniciantes, com alguém lhe servindo café e oferecendo outros requintes. Nada disso é real, e quem pensa que ser promovido a chefe é ter muitos "bônus", começará mal e terminará a carreira de forma precoce.

10 Fui Promovido! E Agora?

Ruban traz toda a sua experiência de forma didática e desafiadora. É uma obra muito abrangente, porque raros são os executivos experientes que saberiam descrever com tanta propriedade tantas variáveis do cotidiano de quem é "chefe". Não se trata apenas de esquecimento, mas muitas vezes passamos a vida toda comandando sem nos atermos a questões de extrema relevância ou as tratando como se fossem secundárias, desperdiçando oportunidades de nos tornar mais competentes na busca de resultados através das pessoas.

Interessante que o livro faz uma abordagem de 360º do gestor, porque muitos pensam que ocupar um cargo de chefia na empresa significa mandar e ser mandado pelo superior. Nada disso, diz Ruban, até mesmo o seu chefe você deve gerenciar; e deve olhar também para fora, onde está o cliente, o mercado; deve ter uma conduta coerente, forte, íntegra e assertiva ao mesmo tempo.

Só mesmo quem viveu uma experiência de dezenas de anos, mas sempre muito atento e focado no desenvolvimento de si mesmo e da equipe poderia produzir uma obra como esta, com tantas riquezas de ensinamentos a jovens e também a experientes executivos.

Há muito que se aprender com esta obra tão singular, que por certo servirá para provocar debates acalorados entre universitários de olho em carreira executiva, entre *trainees* com esse mesmo propósito e profissionais do mundo empresarial que exercem função de liderança na empresa.

Este livro não é um fim em si mesmo, mas certamente um excelente meio para auxiliar na formação e desenvolvimento de líderes para melhor se posicionarem dentro desse papel tão complexo que não pode ser reduzido a simplesmente uma posição no organograma da empresa e a um cartão de visita com letras em destaque "Executivo".

Prefaciar esta obra é um privilégio para mim, porque ela reflete o verdadeiro sentido do que é "ser chefe", onde o desafio é muito maior do que para quem é apenas comandado. Chefiar é fazer e "saber mandar fazer" cada vez melhor, tudo de forma simples, ágil, transparente e focada em resultados.

MARCOS ANTÔNIO MOLINA DOS SANTOS
Presidente do Grupo Marfrig

Apresentação

Como sei que muita gente já escreveu a respeito desta matéria, duvido que não seja considerado presunçoso propondo-me a examiná-la também, mesmo porque, ao tratar deste assunto, não me afastarei grandemente dos princípios estabelecidos pelos outros. Todavia, como é meu intento escrever coisa útil para os que se interessarem, pareceu-me mais conveniente procurar a verdade pelo efeito das coisas, do que pelo que delas se possa imaginar.

– "O Príncipe", de Maquiavel

Sempre tive sorte em minha carreira. Não se trata de sorte no sentido de estar no lugar certo na hora certa, mas de encontrar as pessoas certas na hora certa. Foram pessoas generosas, que me ensinaram e orientaram no momento exato, quando, muitas vezes eu nem sabia que precisaria dessa ajuda. Nem sempre fui capaz de reconhecer a contribuição dessas pessoas para minha carreira e agradecê-las pessoalmente, mesmo porque só percebi a dimensão de sua contribuição anos mais tarde. Uma maneira de reconhecer a essas pessoas seria deixar também minha contribuição pessoal aos mais jovens.

Ao decidir escrever este livro, eu tinha claramente delineado que o meu alvo seriam os jovens recém-promovidos a um cargo executivo ou se preparando para isso. Procurei abordar os principais temas que tornam alguns executivos melhores que outros e, ao fazê-lo, utilizei minha percepção e experiência pessoais adquiridas ao longo de 30 anos de vida profissional.

Não espere um tratamento acadêmico ou fundamentalmente teórico aos assuntos que verá neste livro. A fundamentação teórica é importante e, para isso, há muitos excelentes obras e autores, alguns dos quais eu cito ao longo do livro. Nesse caso, a teoria constitui o "pano de fundo" para a discussão dos fatores que o tornarão um "produto diferenciado" no mercado de trabalho.

Minha experiência com jovens executivos mostra diariamente onde estão as suas carências de formação, as quais em meu papel de líder, muitas vezes, posso e devo complementar. Minha abordagem, portanto, foi tentar reproduzir no papel o meu trabalho diário no desenvolvimento de jovens talentos. Procurei fazê-lo de modo que o leitor se sinta como se estivéssemos conversando.

Assim como Maquiavel, apresento os conceitos e situações empresariais da forma como os vejo em aplicação ou, nas palavras dele *a verdade pelo efeito das coisas*".

Boa leitura e boa carreira.

1 ESTOU GERENTE...

É o sino que toca,
É o badalo que toca,
Ou é o encontro dos dois que toca?

– Antigo poema japonês [1]

Neste capítulo você aprenderá:

- Como se preparar para ser "o gerente" em vez de mais um gerente em sua organização.

- Qual seu verdadeiro papel como gestor.

- Como aprender e ensinar de maneira eficaz para obter melhores resultados.

Um jovem profissional deixa a sala do diretor ainda confuso e trêmulo. Ele está tentando se recuperar da notícia...

"Foi promovido! E agora?"

Imagine um profissional recém-promovido a um cargo executivo nos dias atuais... E se esse profissional fosse você? Estaria se sentindo seguro e preparado para exercer uma função executiva?

Infelizmente, quanto mais jovem você for, maiores as chances de se sentir plenamente preparado para os desafios que virão... Digo infelizmente porque se ultrapassar a linha muito fina que separa a autoconfiança da arrogância, você estará colocando sua carreira em risco.

Seja sincero consigo mesmo e responda:

Sua atitude frente ao desafio seria de autoconfiança ou de arrogância?

Certo grau de autoconfiança é importante, pois lhe permite encarar as situações com otimismo e segurança, mas também não impede que reconheça e encare suas deficiências de modo realista e trabalhe nelas, enquanto a arrogância funcionará como um inimigo que lhe bajulará e lhe esconderá as oportunidades de crescimento profissional. Você não receberá os *feedbacks* necessários ao seu desenvolvimento.

Nossos inimigos são aqueles que nos elogiam quando estamos cometendo um erro. Não se torne seu maior inimigo.

No contexto deste capítulo considero *gerente* aquele que, numa organização, é responsável por coordenar ou gerenciar alguns processos ou sistema (conjunto de processos inter-relacionados) e não a denominação do cargo propriamente dito. Lembre sempre que não existem processos que funcionam sem pessoas, portanto, ao gerenciar processos você dependerá da performance de outros profissionais, sejam seus subordinados ou não. Poderia utilizar alternativamente o termo *gestor*. Assim, dependendo da organização, um gerente poderia também ser chamado supervisor, chefe de departamento, diretor, etc.

Agora que foi promovido, além de ter de aprender a conviver com as "novas" pressões, o jovem deverá responder a algumas questões fundamentais que modelarão seu perfil profissional. Terá de resolver alguns dilemas se quiser ter sucesso no novo cargo e, por consequência, em sua carreira profissional.

A primeira questão fundamental que alguém nessa situação deve responder é:

"Para que estou gerente?"

Não caia na tentação de tentar responder à pergunta:

"Por que estou gerente?"

Ao estudar processos de aprendizado, que utilizarei mais tarde, me deparei com um conceito de programação neurolinguística que diz: *"Perguntas de 'por que' podem lhe dar razões, explicações, justificações, desculpas. Mas em geral não trazem informações úteis. Não pergunte ao seu filho por que ele está tendo problemas com álgebra. Pergunte o que ele precisa para se sair melhor."[2]*

Assim, ao terminar de ler este capítulo, espero que você seja capaz de definir claramente **para que** seu cargo existe e não por que. Ao descobrir a razão da existência de seu cargo você terá maiores chances de apresentar um desempenho excepcional e se destacar dos seus concorrentes (sim, você tem concorrentes!).

Um dos erros comuns dos jovens executivos é acreditar que o seu desempenho num determinado cargo será fruto exclusivo de seu conhecimento e habilidades gerenciais, mas a verdade é que quem irá julgá-lo utilizará outros critérios e outra métrica. Tão importante quanto seu MBA, seus cursos de extensão e seu domínio de idiomas, será o desenvolvimento de sua 'personalidade' profissional.

Nos dias atuais, o sucesso de um executivo não é diretamente proporcional ao conhecimento adquirido, e sim aos **resultados apresentados** pela aplicação de seus conhecimentos e habilidades.

Conhecimento que não gera resultados é inútil. Os conhecimentos e as habilidades adquiridas são importantes para que possa "entregar" os resultados que a empresa espera.

Atualmente, um dos maiores dilemas enfrentados por um gerente é se ele deve atender às demandas internas ou externas; às demandas imediatas ou de longo prazo; às expectativas de sua equipe, dos clientes ou de seu chefe. Essa escolha é diária e difícil. É uma das maiores causas de frustrações, pois não é possível agradar a todos.

Não adianta recorrer à sua descrição de cargo. A resposta a esses dilemas não estará lá, por uma simples razão: não há resposta correta para essas questões. A resposta mudará frequentemente devido à própria dinâmica dos negócios e à natureza da competição no mundo globalizado.

A resposta "certa" nesta semana poderá não ser correta na próxima, com outra conjuntura, outro cliente ou mesmo após seu concorrente ter tomado uma decisão que mudou drasticamente o cenário. Os motivos não se esgotam aqui, porém, você já deve ter entendido que o "alvo" é móvel...

Outra questão fundamental para alguém no início da vida executiva é entender a questão do poder. O poder não se sustenta por si só num ambiente empresarial. Ao ser nomeado, você receberá, juntamente com o cargo, uma "quantidade de poder" como se fosse uma "reserva técnica" de poder. Essa reserva de poder funciona de modo semelhante a uma reserva de gordura, capaz de sustentar a vida dos animais nos meses de inverno, e seu uso determinará se você a aumentará ou a perderá como se perde dinheiro num cassino...

O recém-nomeado tem de utilizar rapidamente sua reserva de poder para transformar-se num líder, caso contrário poderá perder o seu cargo e, por consequência, o poder que lhe foi confiado.

Com a autoridade que lhe foi atribuída pela nomeação, você tem a obrigação de realizar as mudanças necessárias para gerar as melhorias no sistema ou processos que gerencia.

Portanto, a primeira resposta à pergunta

"Para que estou aqui?" é:

"Estou aqui para melhorar os processos ou sistemas que gerencio."

Em outras palavras, o gerente tem de melhorar a empresa. Não caia na tentação de acreditar que isso é uma missão com data e hora para ser concluída e muito menos que é essa a única razão do seu cargo existir.

O bom gerente sabe que terá de melhorar os processos todos os dias, continuamente... Nunca será suficiente a ênfase que se decida dar a esse ponto. Lembre-se de que a acomodação é o motivo do fracasso na maioria das carreiras. Temos de comemorar as conquistas, sem dúvida, porém, precisamos voltar à realidade rapidamente e lembrar que nossos concorrentes podem estar se aprimorando enquanto celebramos. Não há muito tempo para comemorar as vitórias, muito menos devemos "baixar a guarda" por atingir uma meta.

Deming questiona: "Alcançar? As pessoas perguntam quanto tempo levará para que a América alcance os japoneses. Essa é uma pergunta complicada, sincera, mas oriunda da falta de conhecimento. Será que alguém acha que os japoneses ficarão sentados, esperando que alguém os alcance?"[3] Vale lembrar que Deming escreveu isso em 1982, muito antes, por exemplo, da Toyota se tornar a líder mundial na produção de veículos, ultrapassando a General Motors[4] inclusive nos Estados Unidos.

Há outra história, supostamente protagonizada por Mané Garrincha numa das três Copas do Mundo em que defendeu a seleção, que explica muito bem essa questão. Ao ouvir atentamente a preleção do técnico com o "roteiro" completo do que deveria fazer, passo a passo, para vencer a defesa adversária e marcar o gol da vitória, Garrincha vira-se para o treinador e pergunta:

"Já avisaram o adversário?"

Garrincha, em sua simplicidade, sabia que **qualquer plano deve levar em consideração também aquilo que não sabemos ou sobre o que não temos controle**. Geralmente não sabemos como os nossos concorrentes reagirão aos nossos movimentos estratégicos ou o que estão fazendo enquanto dormimos ou comemoramos nosso mais recente sucesso.

Cabe à alta administração criar as condições ideais para a inovação. Por outro lado, o gerente deve garantir a melhoria contínua dos processos. A inovação é muito importante, mas, nos dias atuais, apenas inovar não garante a perenidade de uma organização; é necessário mais do que isso. Vejamos alguns exemplos do passado recente. De que adiantaria melhorar a qualidade das máquinas fotográficas convencionais se seu concorrente estivesse criando uma máquina digital? De que adiantaria melhorar a qualidade de um disco de vinil, reduzir seu custo unitário, melhorar a produtividade se esse produto simplesmente estivesse prestes a desaparecer do mercado? Essa responsabilidade é para pessoas que certamente não estarão lendo este livro, mas quem sabe no futuro você tenha de pensar nisso.

Você gostaria de perguntar:

"Para que mais 'estou gerente', então?"

A resposta seria:

"Estou aqui para administrar pessoas e criar um ambiente colaborativo."

"Ambiente colaborativo?". Posso imaginar sua testa franzindo, tentando comparar minha resposta com algum conceito de seu MBA. Não se lembra dessa expressão, não é? Acalme-se, não pretendo confundi-lo.

Todas as empresas dependem de processos que dependem fundamentalmente da ação de pessoas. O gerente "herói", que resolve todos os problemas, já foi enterrado juntamente com milhares de empresas que simplesmente desapareceram do cenário por não valorizarem o trabalho colaborativo. Não há mais espaço para os que se acham capazes de atuar sem a colaboração dos outros, sejam estes seus subordinados ou não. Se você é uma pessoa altamente competitiva, comece a rever seus conceitos... Você pode manter sua atitude competitiva desde que consiga catalisar a colaboração dos que estão sob seu comando.

Mas como criar um ambiente colaborativo?

Processo de Comunicação

Digamos que um gerente recém-promovido atue em uma empresa que possua uma Visão de Futuro e Valores e Princípios claramente estabelecidos e divulgados. Caberá a ele alinhar sua equipe com esses parâmetros da empresa e desdobrá-los de modo que cada um, individualmente, saiba como pode contribuir para que a visão da empresa se torne realidade, respeitando seus valores e princípios. Isso tudo com uma equipe motivada, alcançando as metas estabelecidas, dentro dos prazos, com criatividade e proatividade, mantendo um alto nível de entusiasmo e energia. Ufa! E como fazer tudo isso?

Realmente não é nada fácil. Vou me limitar, neste momento, ao aspecto que considero o alicerce para o restante **– o processo de comunicação**. Acredito que se você se tornar realmente um gestor acima da média em comunicação terá condições de desenvolver as habilidades necessárias para criar uma equipe "fora de série".

Imagine a seguinte situação: um pai com um filho pequeno doente chega ao pronto-atendimento de um hospital, aguarda pacientemente na sala de espera e finalmente é chamado. Entra no consultório com uma sensação de angústia e ansiedade e durante a consulta ouve do médico, que estava atendendo a criança, que não havia encontrado nada que fosse motivo de preocupação, deveria muito provavelmente ser uma virose. Como você acha que esse pai se sentiria?

Quando meus filhos eram pequenos e isso também acontecia comigo, a minha sensação era de que o profissional havia "faltado" a algumas aulas... Não, não acho que virose seja uma invenção de "matadores de aula", mas que muitas vezes o diagnóstico é utilizado para passar rapidamente para o próximo paciente, isso eu não tenho dúvida. Tenho essa mesma sensação quando alguém diz: "É um problema de comunicação". É o tipo de diagnóstico que não dá para contestar, porém também não ajuda em nada.

Imagine, por exemplo, a seguinte situação: o chefe decide demitir um de seus funcionários em virtude de seu baixo desempenho. Chama o funcionário para demiti-lo e começa dizendo: *Temos um problema de comunicação...*

Na verdade, não "*temos*" um problema de comunicação. O chefe deveria dizer "*tenho*"... Para ser coerente e honesto, seria melhor dizer: *Eu não tenho coragem de assumir minha decisão de demiti-lo e ainda ter de lhe explicar claramente os motivos, o que certamente lhe ajudaria no próximo emprego, portanto vou dizer que não conseguimos nos comunicar bem... Também não direi que nunca lhe chamei aqui para dizer claramente que não estava satisfeito com seu desempenho, o que certamente comprovaria minha falha como líder, então continuemos nos comunicando mal por mais alguns minutos até que eu lhe dê um abraço de boa sorte.*

A comunicação deficiente é um problema muito pior do que virose. A virose, em geral, se cura com o tempo. Os problemas de comunicação, além de não serem resolvidos com o tempo, matam! E, em geral, matam a empresa.

Como não conseguimos fazer quase nada sozinhos nos ambientes corporativos, dependemos da habilidade de nos comunicarmos para atingirmos uma performance excepcional. Não acredite em bons gerentes que se comunicam mal. Portanto, apesar de correr o risco de entrar na lista dos "matadores de aula" (matei algumas, confesso!), vou insistir que você deveria investir muito do seu tempo aperfeiçoando sua maneira de se comunicar, se quiser ter uma carreira de sucesso.

Como?
Desenvolvendo sua habilidade de ensinar.

Se quiser ensinar bem, lembre-se sempre de que as pessoas são diferentes, aprendem de maneira diferente e compreendem ou deixam de compreender em função do processo de comunicação empregado.

Ensinando e Aprendendo

Tom Landry[5], um legendário treinador de futebol americano do Dallas Cowboys, falecido no ano 2000, disse:

"Quando quer ganhar um jogo, você deve ensinar. Quando perde um jogo, você deve aprender."

Quem sabe aprender tem mais chances de saber ensinar.

Faça um teste simples. Pegue quatro ou cinco notas de valores diversos e apresente para pessoas diferentes, individualmente. Pergunte a elas o que vêem. Algumas responderão simplesmente que estão vendo cinco notas ou eventualmente a soma delas. Outras responderão algo como: "Vejo duas notas de cinco reais, uma de dez e duas notas de vinte".

Você saberá que aquelas que simplesmente responderam que havia notas ou o valor total em reais aprendem por similaridade. Elas buscaram o que havia de similar no conjunto apresentado. As outras aprendem por diferenciação, buscando o que diferenciava as notas. Todas estão corretas em suas respostas, mas cada uma mostrou como seu cérebro reage ao ser apresentado a um desafio qualquer.

Esse exemplo o ajudará a entender que, ao explicar algo a um grupo de pessoas, algumas vezes você poderia estar usando somente exemplos por similaridade, noutras somente exemplos por diferenciação e assim poderia estar se comunicando eficazmente apenas com parte do grupo. Procure contemplar a todos quando estiver comunicando algo importante.

Desenvolvendo suas Habilidades de Comunicação

As pessoas possuem um sistema representativo que utiliza linguagens cerebrais classificadas em três modalidades ou categorias: **visual**, **auditiva** e **sinestésica**. Apesar de a maioria das pessoas conseguirem absorver informações em qualquer das três modalidades, cada uma terá uma maior facilidade com uma delas.

As **pessoas visuais** terão mais facilidade de compreender e reter informações por meio de imagens, fluxogramas, diagramas, figuras, símbolos, tabelas, linhas de tempo, filmes, demonstrações, etc. Portanto, mesmo quando se comunicar oralmente com essas pessoas procure fazê-las "ver" o que você está propondo.

As **pessoas auditivas** tendem a aprender e reter melhor as informações por meio de sons e palavras. Utilize, portanto, sua convicção ou paixão pelo que está transmitindo, inclusive por meio da entonação e volume de sua voz. Pessoas auditivas aprendem com o que ouvem, porém aprendem ainda mais com o que ouvem e verbalizam. Elas obtêm muito mais de uma discussão do que de uma apresentação na qual são meros ouvintes. Aprendem mais efetivamente ao ter de explicar algo aos outros.

As **pessoas sinestésicas** terão mais facilidade em compreender e reter informações ao agirem durante o processo, por exemplo, por meio de jogos, movimento, fazendo algo enquanto aprendem ou com ações como tocar, apalpar, cheirar, degustar, etc. Utilize, para os sinestésicos, palavras que remetam às sensações possíveis caso ocorresse o que você está tentando comunicar.

Se for absolutamente necessário que o comunicado seja compreendido pela maioria das pessoas, lembre-se de utilizar as três linguagens cerebrais. Além disso, o processo deve ser repetido diversas vezes. Mesmo assim, nunca acredite que terá atingido a todos, sem exceção, afinal, o processo de comunicação não depende somente de você, mas também dos seus interlocutores.

Vejamos outra abordagem que lhe ajudará a desenvolver suas habilidades de comunicação. Por volta de 1940, Isabel Briggs Myers e sua mãe Katharine Cook Briggs desenvolveram uma metodologia, hoje consagrada no mundo empresarial, chamada *Myers-Briggs Type Indicator (MBTI)*.

Posteriormente foram criados diversos outros instrumentos também baseados nos mesmos conceitos teóricos de Carl Jung. Esses instrumentos baseados nas teorias de Jung indicam, entre outras coisas, o grau de preferência de um indivíduo por diferentes estilos de pensar/agir. Os métodos são baseados em pares de dimensões (alguns em quatro pares outros em três pares de dimensões, como, por exemplo:

Extroversão/Introversão	Mostra como a energia é utilizada.
Sensorial/Intuição	Mostra como a informação é entendida e interpretada.
Razão/Emoção	Mostra como as decisões são tomadas.
Julgamento/Percepção	Mostra a preferência pelo controle ou pela adaptabilidade ao meio.

Esses são instrumentos muito usados pelas empresas para conhecer o perfil gerencial e comportamental dos indivíduos, para aconselhamento de carreira, orientação profissional, *coaching*, além de permitirem aperfeiçoar os processos de construção de equipes.

Os termos usados nas dimensões têm significados diferentes daqueles que conhecemos no cotidiano. Não indicam as atitudes, apenas mostram as preferências dos indivíduos.

Analisemos a dimensão sensorial/intuitiva, pois é a dimensão que define como as informações são entendidas e interpretadas. Ao transmitir uma informação, cada indivíduo irá percebê-la preferencialmente por via externa – **sensorial** – ou por via interna – **intuitiva**. Ao compreender como cada grupo de indivíduos percebe a informação, você poderá aperfeiçoar seu próprio estilo de comunicação.

As preferências dos indivíduos para essa dimensão são apresentadas, de modo simplificado, na tabela a seguir.

SENSORIAIS	INTUITIVOS
Gostam de fatos e detalhes	Informações abstratas e teóricas
Trabalham com dados	Gostam de inovação
Aprendem bem via experimentação	Gostam de compreender as coisas via princípios e teorias
Pacientes com detalhes	Não gostam de muitos detalhes
Não suportam problemas complexos	Trabalham bem com informações incompletas
Lentos, porém cuidadosos com detalhes	Rápidos, porém às vezes descuidados com detalhes
Não lidam bem com símbolos	Gostam de interpretar os dados com base em suas crenças

Você percebe como o uso de ferramentas de comunicação ou conteúdo que privilegie essas diferentes 'preferências' permite atingir um número maior de pessoas de modo eficaz?

Vou lhe mostrar, a seguir, a abordagem de dois professores americanos, Richard Felder e Linda Silverman[6]; ele especialista em ensino em escolas de engenharia e ela, em psicologia educacional. Eles afirmam que os indivíduos aprendem por meio de um processo de duas etapas que envolvem **recepção** e **processamento** das informações. Felder e Silverman modelaram os indivíduos pelo modo com que percebem a informação, pelo canal de entrada, pelo método de organização mental da informação, pela maneira de processamento e, finalmente, pelo modo como progridem no aprendizado. Concluíram que, se quiser abranger o maior número possível de pessoas, você deve utilizar uma combinação de informações concretas (fatos, dados, fenômenos observáveis) com conceitos abstratos (princípios, teorias, modelos), deve utilizar recursos visuais e auditivos e deve repetir o processo.

Você já sabe o caminho. Agora precisará treinar para desenvolver suas habilidades em comunicação. Procure iniciar o processo melhorando seu autoconhecimento. Como você aprende com mais facilidade? Qual processo de comunicação torna seu aprendizado mais fácil?

Além dos modelos de aprendizado, é também importante escolher corretamente a fonte. Bill Gates já definiu sua fonte:

"Meus clientes mais insatisfeitos são minha maior fonte de aprendizado."

Se você consegue aprender de modo mais fácil, tem maiores chances de conseguir comunicar de maneira eficaz, pois respeitará as diferenças entre seus interlocutores e saberá utilizar as diversas formas de comunicação. Use suas habilidades de comunicação para criar um ambiente colaborativo e você verá os resultados aparecerem rapidamente.

Eu aprendo muito mais quando reconheço o que ainda não sei. E você? Aprenda e ensine!

2 NÃO PERCA O SEU EMPREGO LOGO AGORA...

Alguns de nós faremos nossos trabalhos bem e alguns não, mas seremos julgados por apenas uma coisa: o resultado

– Vince Lombardi[1]

Neste capítulo você aprenderá:

- Como não colocar seu emprego em risco logo agora que foi promovido.

- Qual comportamento as empresas esperam (ou não esperam) de você.

30 Fui Promovido! E Agora?

Uma das maneiras mais eficazes de fazer alguém perder o emprego é promovê-lo. A eficácia dessa técnica é inversamente proporcional ao nível de "prontidão" da pessoa para o cargo a que foi promovido.

Sei, por experiência própria e por anos de observação, que raramente pessoas no início de carreira estão "prontas". As empresas têm mais disposição para arriscar nas promoções das pessoas mais jovens e, portanto, nos escalões intermediários das organizações. Se este for o seu caso, sugiro que evite correr alguns riscos desnecessários. Continue lendo este capítulo.

Não espere sugestões óbvias, como não cometer alguma fraude contra a empresa, alcoolismo, assédio sexual ou coisas do gênero. Afinal, para fazer grandes bobagens ninguém precisa de ajuda.

Aprender a não se colocar em riscos desnecessários não lhe garantirá manter-se no cargo, evidentemente; pois isso dependerá também de seu desempenho e de seus resultados para a empresa; mas que ajudará não há dúvida.

Como Evitar Riscos Desnecessários

A seguir você encontrará **20 dicas** para afastá-lo de riscos desnecessários.

Dica 1
*Procure saber a razão da existência
do seu novo cargo.*

Se você souber o que se espera de você, pode ser que se sinta tentado a buscar tais resultados. Já imaginou se consegue pelo menos uma boa parte dos resultados esperados? É muito difícil alguém perder o emprego atingindo as metas...

Procure ter uma conversa franca com seu chefe sobre seu cargo. Pergunte a ele o que consideraria um desempenho excepcional para sua posição na empresa. Trate seu chefe como seu cliente e entregue o produto que ele deseja.

Dica 2
Procure oferecer os resultados esperados.

Digamos que você já saiba o que se espera de você. Dedique-se a projetos prioritários ou a assuntos que agregam valor à empresa. Não entulhe seu dia de trabalho com uma série infindável de assuntos dissociados daqueles que o levariam a apresentar um desempenho excepcional. Em outras palavras, lute para se tornar "excepcional". Isso não garante a manutenção do emprego, mas ajuda bastante.

Às vezes, por razões alheias à sua vontade, os resultados aparecerão, mesmo sem sua contribuição. Nesse caso, procure mostrar que os resultados são frutos do grupo a que está ligado. Desenvolva a confiança dos seus pares. Ao reconhecer a contribuição de outras pessoas aos resultados que obteve você estará desenvolvendo vínculos pessoais que serão úteis nos momentos difíceis. Você mostrará sua maturidade ao demonstrar que não é egoísta e que sabe compartilhar os sucessos.

Demonstrações de dificuldades de compartilhar as conquistas com a equipe, egoísmo ou egocentrismo costumam deixar seu chefe e seus pares muito "motivados" para tirá-lo da frente.

Dica 3
Aprenda a lidar com atitudes hostis.

Se alguém estiver hostilizando você, chame essa pessoa reservadamente para uma conversa franca. Você acabará entendendo o que está ocorrendo, e pode ser que a outra pessoa também descubra a origem dos problemas pessoais com você.

Sempre tente encontrar as razões por trás de tal atitude. Se acabar descobrindo o que causa o fato, mude o que for de sua responsabilidade.

Dica 4
Lembre-se: *Os peixes morrem pela boca...*

Enquanto estiver falando correrá o risco de não ouvir. Ouvir pode ser extremamente importante para quem não deseja um rápido desfecho à sua carreira...

Em grupo, tente fazer com que os demais se sintam absolutamente necessários.

Achar que pode fazer o trabalho em menos tempo sozinho do que em grupo poderá algumas vezes ser até verdade, mas a arrogância não costuma criar aliados.

Dica 5
Aprenda a conseguir os recursos necessários para obter os resultados que esperam de você.

A falta de condições de trabalho costuma ser um bom assunto para reclamarmos da empresa com nossos colegas, **só que não é uma boa ideia**. Nem pense em sair pelos corredores choramingando ou reclamando que não lhe dão as condições de trabalho de que precisa.

Ao reclamar você reconhecerá aquele clima falso, onde todos se solidarizam com a *sacanagem* que a empresa está fazendo com você, mas ninguém lhe ajudará em nada.

Quando não tiver as informações ou recursos necessários para atingir os objetivos traçados, vá buscá-los ou solicitá-los, por exemplo, ao seu chefe.

Dica 6
Mantenha um alto nível de interesse em ampliar suas competências.

Se seu chefe pede voluntários para um projeto, não se esconda sob a mesa de reuniões, não finja que sua caneta caiu...

Se um chefe pede voluntários é porque ele não quer se arriscar a indicar alguém. Em princípio, portanto, todos são igualmente competentes ou igualmente incompetentes para realizar tal projeto. Nesses casos, os chefes terão muito mais condescendência caso os resultados não sejam os esperados, portanto, se quiser tomar riscos calculados, esse é o tipo de situação que deveria procurar.

Dica 7
Não tenha medo de recusar uma promoção.

Nunca aceite qualquer mudança de cargo sem hesitar. Se sentir que é incapaz ou estiver desmotivado para a nova posição, rejeite-a e explique claramente as razões ao seu líder.

Lembre-se de que todos nós somos incompetentes para muitas coisas... Aprendi que uma das formas mais eficazes de acabar com a carreira de alguém numa empresa é promovê-lo para um cargo no qual sua incompetência aflorará com todo seu esplendor.

Então, se seu chefe teve essa brilhante iniciativa, justamente com você, não o ajude, caso contrário, em pouco tempo, você estará distribuindo currículos pela internet.

Dica 8
Deixe suas frustrações e problemas pessoais em casa.

Não trate mal as pessoas que nada têm a ver com os seus problemas, pois você poderá até chegar bem mais aliviado em casa, mas um pouco mais perto da rua...

Construa uma reputação de equilíbrio e bom-senso. Não emita juízos de valor sem antes coletar todas as informações, principalmente o ponto de vista da outra parte que pretende criticar. Não adianta acertar 90% dos seus juízos de valor, pois o que aparecerá serão os 10% onde errou...

Dica 9
Não critique indiscriminadamente.

Você critica tudo? Critica principalmente as decisões estratégicas tomadas pela alta direção? Afinal, se não lhe chamaram para pedir sua opinião, merecem ser lembrados nos corredores da empresa, não é?

Faz isso no elevador ou no restaurante, preferivelmente na presença de várias pessoas? Com mais pessoas ouvindo terá mais chances de que sua opinião chegue rapidamente aos ouvidos do seu chefe.

Desqualifica qualquer ideia ou iniciativa que não seja sua?

Se a carapuça vestiu, acho bom que seja um empreendedor, pois não terá vida longa nesta ou em qualquer outra empresa que não seja a sua.

Dica 10
Trate seus clientes com cortesia e objetividade.

Evite ao máximo ser inconveniente com os clientes. Clientes são muito bons em acabar com carreiras, basta lhes dar uma boa razão.

Eles são muito sensíveis às opiniões sobre suas próprias estratégias ou sobre seus erros. Procure identificar questões relevantes para os clientes, evitando expressar sua "sincera" opinião sobre elas.

Lembre-se de que o cliente é o bem mais importante para os acionistas e, em caso de confronto, sempre será mais fácil trocar o profissional do que trocar o cliente.

Dica 11
Quanto mais se preocupar com a manutenção de seu emprego, mais perto você estará de perdê-lo.

Desenvolva um nível saudável de autoconfiança.

Não se mostre sempre preocupado em perder seu emprego. Você nem imagina como isso provoca um efeito contrário.

Não postergue decisões, não avalie sempre 'trinta e duas' vezes antes de decidir. Não decida pelo método macrobiótico.

Não pergunte uma vez por semana ao seu chefe se ele está satisfeito com seu desempenho. Além de se tornar um chato, você mostra insegurança demais e seu chefe acaba também inseguro sobre você.

36 Fui Promovido! E Agora?

Dica 12
Desenvolva a imagem de alguém que está sempre "antenado".

Imagine alguém que chegue sempre atrasado às reuniões e se abstrai rapidamente ao entrar na sala. Joguinhos no celular ou ler e-mails no BlackBerry são excelentes ferramentas para se abstrair.

Qual a imagem que essa pessoa está desenvolvendo junto ao grupo?

Se lhe fizerem uma pergunta objetiva, responda algo conexo e com conteúdo. Responder que não tem a informação, mas vai coletar os dados ou informações e posteriormente retornar à pessoa é ótimo, desde que retorne...

Chefes são muito complacentes com pessoas que não cumprem prazos, chegam atrasados, mas atingem seus objetivos. Mas não recomendo que aposte todas as suas fichas na complacência de seu chefe.

Dica 13
Esteja sempre aberto aos *feedbacks*.

Se seu chefe lhe chamar para uma seção de *feedback* ou avaliação de desempenho, a melhor atitude é a disposição para entender o que precisa ser ajustado.

Nunca seja refratário a qualquer tentativa de seu chefe de lhe mostrar aspectos nos quais precisa melhorar. Não mostre que quem está absolutamente equivocado é ele. Isto funciona muito melhor se você acreditar que ele tem razão no que está dizendo. Não o deixe desconfortável em discutir qualquer atitude sua. Ouça!

Dica 14
Nunca diga "Não ganho para isso".

Nunca repita essa frase!

Existem muitas variantes que acabam por dizer a mesma coisa. Não as utilize!

Atitudes colaborativas são excelentes para suas pretensões de criar uma imagem de competência.

Não é possível escrever na descrição de seu cargo o que o ajudará na carreira. Aquilo é o mínimo esperado e ninguém constrói uma carreira fazendo apenas o mínimo. Colabore!

Dica 15
Procure alavancar seus comportamentos que poderiam ser descritos por substantivos terminados em "–dade", como: proatividade; pontualidade; responsabilidade; serenidade; humildade; confiabilidade, amabilidade; sociabilidade.

Evite os substantivos terminados em "–ância", como: arrogância; inconstância; intolerância; ignorância. Também são inúteis os substantivos terminados em "–ência" como: impertinência; inconveniência; irreverência.

Você deve ter clareza de como quer ser lembrado.

Dica 16
Procure cometer muito mais acertos do que erros.

O *"resultado líquido"* de suas decisões deve ser POSITIVO.

Não repita seus erros! Os piores erros a serem repetidos são aqueles que seu chefe conhece e já avaliou junto com você, inclusive lhe sugerindo o que deveria fazer "na próxima vez".

Dica 17
Conheça e pratique os valores e princípios de sua empresa.

Se a empresa na qual você trabalha lhe entregar um livreto com sua Visão de Futuro, Missão, seus Valores e Princípios e as Diretrizes para Realização de Negócios, leia-o!

Eventualmente você poderá ser "convidado" a participar de uma sessão de apresentação desse material e até assinar um recibo onde estará escrito que leu, entendeu e concorda. Preciso continuar o raciocínio? Descumprir algumas dessas diretrizes...

Dica 18
Não institua sessões motivacionais constrangedoras.

Nunca pense, por exemplo, numa sessão deboche. Infelizmente existem empresas que acreditam nesse caminho. Caso seja diretriz superior, não perderá o emprego humilhando subordinados que não atingiram alguma meta, mas sugiro que procure outra empresa rapidamente.

Dica 19
Use quase todo o seu potencial criativo!

Note que utilizei a expressão "quase todo", pois uma forma muito rápida de perder o emprego é criar dados. Mais rápido ainda se fizer isso em situações que deixarão seu chefe em apuros. Em certo momento você perceberá que ele precisa de uma informação crucial para tomar uma decisão importante... É melhor dizer que não tem a informação, mas irá buscá-la rapidamente, do que tentar acalmar a ansiedade de seu chefe.

Dica 20
Não aceite agradinhos de seus fornecedores.

Os presentes mais caros são os que funcionam melhor para "detonar" com empregos.

Vai ganhar um freezer? Mande entregar na sua casa. Afinal, esse fornecedor lhe adora! Não caia nesse tipo de tentação.

Estou apenas lhe sugerindo ser inflexível em seus princípios éticos. Existem inúmeras empresas que ainda acreditam em comprar pessoas de forma não explícita.

3 DESMISTIFI-CANDO O ERRO

"Se você não está cometendo erros, não está tomando risco, isso significa que você não está indo a lugar nenhum."

– John W. Holt Jr.[1]

Neste capítulo você aprenderá:

- Por que os gestores que erram pouco, em geral, não atingem o topo.

- Por que devemos perder o medo de errar.

- Como aprender a partir dos nossos próprios fracassos.

- O que é um erro fatal.

- Por que você não deve ser perfeccionista.

- Por que os treinadores de ursos de circo não seriam bons gestores.

Aqui seu chefe nunca erra, e se errar a culpa é sua.

Essa é uma forma um tanto sarcástica e subliminar de condicionar as pessoas à crença de que errar é indesejável e mesmo ruim. Não há maldade nisso. É que realmente as pessoas têm a crença de que errar seja indesejável sempre.

Nosso sistema de ensino reforça a crença de que errar é sempre ruim. Por exemplo, ao buscar a resposta certa e única, o aluno quase nunca é estimulado a dar sua opinião sobre um tema, sugerir uma solução criativa para uma questão em que não se tem necessariamente uma única solução.

Não pretendo fazer apologia ao erro. Pretendo fazer apologia aos acertos! Acho ótimo acertar.

Há inúmeras situações em que acertar é condição quase obrigatória. Certamente, você não gostaria de ver a enfermeira deixar o seu bebê recém-nascido cair no berçário da maternidade. Para isso, uma enfermeira em fase de aprendizado deveria treinar suas habilidades com bonecos, situação em que errar não é grave.

A dica é: errar quando for possível, para poder acertar quando for obrigatório.

Para aumentar as suas chances de acertar, você precisará TREINAR suas habilidades. Não há outra forma de treinar senão tentando, errando às vezes, avaliando os motivos de seus erros e tentando novamente.

Você será julgado pelo resultado líquido do seu trabalho, que são seus acertos subtraídos de seus erros (pelo menos imagine que fosse possível aplicar essa equação). O resultado líquido terá necessariamente de ser positivo, caso contrário não haverá um emprego em que você possa continuar aprendendo com seus erros.

Vamos entender, então, por que eu sugiro que você erre mais e mais rápido. Se eu lhe perguntasse qual o maior jogador de basquete de todos os tempos, provavelmente ouviria: Michael Jordan. Pelo menos, suponhamos que essa teria sido a sua resposta.

O que descobri, no site da NBA[2] (*National Basketball Association*) dos Estados Unidos é que certamente Michael Jordan está entre os maiores jogadores de todos os tempos. Estamos diante de um fenômeno do basquete. Jordan foi seis vezes campeão na NBA, foi o melhor jogador de defesa do ano em 1988, quatorze vezes nominado *All-star*, medalhista de ouro por duas vezes nas olimpíadas de 1984 e 1992, entre outras conquistas.

Responda agora: qual o porcentual de acerto do Michael Jordan para cestas de dois pontos? Já ouvi muitas respostas em torno de 80 a 90% e, com mais frequência do que se poderia imaginar... Você acreditaria se eu lhe dissesse que seu índice de acertos é de apenas 49,7%? Um dos maiores jogadores do mundo!

Para arremessos de dois pontos, Jordan converteu 12.192 pontos em toda a carreira para tentativas totalizando 24.537 pontos.

E qual o índice de acerto de Jordan para cestas de três pontos? Acredite, foram 32,7% em toda a sua carreira profissional. Jordan converteu 581 pontos para tentativas totalizando 1.778 pontos. Não é tranquilizador descobrir que um dos maiores jogadores de todos os tempos errava mais de metade das vezes?

Para aqueles que preferem ver o copo **meio cheio** em vez de **meio vazio**, o correto seria afirmar que Jordan acertava uma a cada duas tentativas e não que errava uma a cada duas. Por que então nos levam a acreditar que não podemos errar no papel de gerentes? Por que os gerentes têm de ter índices de acertos de mais de 90%?

Estou convicto de que errar faz parte do processo de aprendizado das pessoas e das empresas. Arrisque um pouco mais. Erre mais. Entretanto, não tome esta minha sugestão de modo inconsequente.

De que adiantaria Michael Jordan ter um índice de acertos 20% maior do que conseguiu se, com isso, tivesse convertido somente um décimo dos pontos de sua carreira?

Jordan arriscava com competência e **fazia a diferença**. E, por fazer a diferença, é lembrado pelos pontos convertidos e não pelos pontos perdidos.

A decisão sobre se expor ou não a um risco deve levar em consideração as consequências tanto positivas quanto negativas. Jamais analise apenas sob um ponto de vista – otimista ou pessimista – nesses casos, ao se avaliar as consequências positivas, em caso de sucesso na exposição a um risco, não lhe indicará necessariamente as consequências negativas, e vice-versa. Se você aprender a analisar ambos os lados de cada situação, terá aprendido a arriscar com competência.

Expor-se a riscos não pode significar, jamais, que sua empresa seja colocada na situação de sofrer danos irreparáveis ou até colocar em questão sua perenidade. Não arriscar por medo de errar também pode trazer danos irreparáveis à sua empresa.

Excesso de segurança é sinônimo de estagnação.

Imagine, por exemplo, Michael Jordan próximo à linha de três pontos avaliando cuidadosamente se deveria ou não arremessar a bola. O locutor chamaria os comerciais dizendo:

– *Voltaremos daqui a trinta segundos com a decisão de Michael. Esse jogador é muito cuidadoso em suas decisões.*

Parece piada, não? Sim, e deveria soar como piada na sua empresa também!

Algumas vezes nós simplesmente não temos as informações suficientes para decidir com toda a certeza. Pense que talvez os seus concorrentes acordem mais cedo do que você. Tomara que isso não seja verdade, mas é melhor acreditar nisso do que ser complacente e deixar o seu concorrente avançar sobre seu mercado. Portanto, seja rápido nas decisões.

Velocidade é tão importante quanto a qualidade de suas decisões. O truque é aprender com os erros e acertos.

Outro truque é que você pode aprender também com os erros dos outros. Você não precisa cometer os mesmos erros de seus pares ou de seus concorrentes.

É muito mais crítica a repetição de um erro do que quando ele é cometido pela primeira vez. Ninguém, em sã consciência, arriscaria tentando errar. Porém, ao errar, não desperdice a oportunidade de rever a cena e tirar conclusões sobre o que deveria ter feito de forma diferente que talvez mudasse o resultado na próxima tentativa.

46 Fui Promovido! E Agora?

As questões que invariavelmente faço quando me deparo com um erro, meu ou de minha equipe, são:

- O que farei (ou faremos) para que isso não se repita?

- O que aprendi (ou aprendemos) com esse erro que pode ser transferido para outros departamentos ou outros processos?

> *"Aprender com erros e melhorar continuamente os produtos é a chave de todas as empresas de sucesso. Ouvir os clientes é uma grande parte desse esforço."*
>
> — *Bill Gates*[3]

Lógico que se você saísse por aí cometendo erros a esmo, perderia o emprego antes mesmo de ter tido tempo de sugerir ao seu chefe que lesse este capítulo ou que acessasse o site da NBA e consultasse as estatísticas de Jordan.

O mundo corporativo não é justo e nem todo chefe concordará comigo no que diz respeito ao conteúdo deste capítulo. Portanto, parafraseando o Ministério da Saúde, "aplique com moderação".

Construa um histórico de resultados líquidos positivos, ou seja, que as suas conquistas superem significativamente as perdas geradas pelos seus erros. Não depende de coragem, depende de autoconfiança associada a uma boa dose de competência.

Arie de Geus, da Dutch Royal Shell, disse:

> *"A habilidade de aprender mais rápido que seus concorrentes pode ser a única vantagem competitiva sustentável."[4]*

Note que a questão fundamental não é aprender, **é aprender mais rápido**. Cedo ou tarde seu concorrente também aprenderá e acertará. A condição para o sucesso é que sua empresa tenha feito isso antes e continue fazendo.

Ainda pensando na questão do aprendizado com os erros, vejamos o que Thomas J. Watson, fundador e ex-CEO da IBM disse:

> *"Gostaria que eu lhe desse a fórmula para o sucesso? É muito simples, na realidade: Dobre seu índice de falhas. Você está pensando em falha como uma inimiga do sucesso. Mas não é, de forma alguma. Você pode ser desencorajado pelas falhas ou pode aprender a partir delas. Então, vá em frente e cometa erros. Faça todos que conseguir. Porque, lembre-se, será onde você encontrará o sucesso."*

Pense na IBM... Quando disse isso, Watson provavelmente tinha sob perspectiva o fato de que algumas vezes você simplesmente não tem todas as respostas para seus dilemas. Nesses casos, após ter estudado as alternativas, as probabilidades e os riscos, escolha!

Aponte-me um empreendedor que não seja um tomador de riscos. Não há negócios sem riscos, porém também não há substituto para seu autoconhecimento em termos de habilidades e limitações.

"Falha é simplesmente a oportunidade de começar de novo, desta vez mais inteligentemente."

– Henry Ford

Pessoas Perfeccionistas

Você já entrevistou alguém e, ao perguntar qual seu maior defeito, ouviu como resposta a seguinte "pérola": – *Sou perfeccionista.* Esses seres infelizes ou desesperados por um emprego acreditam que supostamente estariam apontando uma "qualidade" na resposta sobre seu defeito e que isso lhes aumentaria a chance de conseguir a vaga.

Procuro separar essas pessoas em duas categorias, as que realmente são perfeccionistas e aquelas que estão tentando me manipular durante a entrevista. Não sei lhe dizer o que é pior.

Já ouvi essa resposta muito mais vezes do que achava que seria capaz de resistir sem perder a compostura. Felizmente, para os entrevistados, sempre me mantive aparentemente calmo.

O perfeccionismo é um defeito.

O perfeccionismo vem associado à crença de que errar ou falhar é um pecado. Assim, essas pessoas trabalham para não errar ou errar muito pouco; consequentemente, reduzem os riscos envolvidos errando menos, porém, em geral, com resultados medíocres. Essas pessoas deveriam buscar atividades de baixa competição e que exigem precisão, e não criatividade ou inovação, elementos comuns em um mundo extremamente competitivo.

Erros Fatais

A FIFA introduziu, anos atrás, um sistema denominado *Golden Goal*. Para decisão de campeonatos, o jogo que terminasse empatado no tempo regulamentar, seria decidido na prorrogação pelo time que marcasse o primeiro gol. O jogo terminaria nesse instante, sem que os times tivessem de jogar o tempo restante da prorrogação.

Um *erro fatal* numa empresa seria o mesmo que um *Golden Goal*. Com a ocorrência de um erro fatal o "JOGO" termina para você, para sua empresa ou para ambos.

"Cometa todos os erros não fatais que puder, não cometa nenhum dos fatais. Colocada essa diretriz, até agora estou muito feliz com os erros que escolhi."

— *Eric Sink*[5]

50   Fui Promovido! E Agora?

Vejamos alguns exemplos de erros fatais:

- A empresa em que você trabalha é envolvida num escândalo público causado por uma decisão sua ou com sua conivência.

- A perda do cliente mais importante por uma decisão errada sua.

- Uma decisão sua que contrarie gravemente os valores e princípios que norteiam a empresa em que você trabalha.

- Você ultrapassou o limite de tolerância ao risco da empresa em que trabalha.

Reconhecimento

A estrutura de reconhecimento de uma empresa direciona a atitude de seu corpo gerencial e, em alguns casos, de todos os seus funcionários. Entendo reconhecimento como algo que o funcionário valorize e que reforce positivamente suas atitudes. Nem sempre reconhecimento é o mesmo que recompensa.

Não gosto do sistema usado para treinar ursos em circos. Evite sair distribuindo "torrões de açúcar". As pessoas são mais complexas que ursos, e você acabará instituindo um processo burocrático em vez de uma cultura de melhoria contínua. Não estimule programas de sugestões com prêmios em dinheiro (torrões de açúcar). Prefira um ambiente de melhoria onde haja o reconhecimento daqueles que contribuem para que a empresa seja melhor a cada dia. Portanto, não aja com seus liderados como se fossem ursos de circo.

Imagine duas empresas. Uma das empresas reconhece aqueles que são proativos e tomam riscos calculados, dentro de seu nível de atribuição, mesmo que algumas vezes o resultado seja diferente do esperado. A outra empresa limita exageradamente o grau de liberdade para a tomada de decisões; exige múltiplas aprovações e assinaturas para decisões, muitas vezes, irrelevantes ao negócio. São duas empresas muito diferentes. A primeira terá mais chances de criar um ambiente favorável à criatividade, à melhoria contínua e ao aprendizado.

Ao formular objetivos e metas anuais, seu chefe busca também alguma meta relacionada à inovação ou que dependa fundamentalmente de sua criatividade e que exija certo arrojo ou os objetivos são sempre relacionados ao histórico de desempenho com um incremento? A empresa favorece a apresentação de sugestões ou ideias a todos os níveis ou é do tipo faça o seu trabalho e deixe a tarefa de pensar para a alta gerência?

"Errei mais de 9 mil arremessos em minha carreira. Perdi quase 300 jogos. Por 26 vezes confiaram em mim para vencer o jogo no arremesso final e eu errei. Eu falhei e falhei e falhei novamente. E esta é a razão do meu sucesso."

– Michael Jordan

O comportamento que você reconhece é o comportamento que você verá.

4 TRIPALIUM, SALARIU E SUCCESSUS

"No que diz respeito ao empenho, ao compromisso, ao esforço, à dedicação, não existe meio termo. Ou você faz uma coisa bem feita ou não faz."

– Ayrton Senna

Neste capítulo você aprenderá:

- Onde buscar sua automotivação.

- Que palavras podem moldar seu comportamento.

- Como acelerar seu processo de crescimento profissional.

- Como usar perseverança, tenacidade e resiliência para transpor barreiras.

- Como impedir que seus medos atrapalhem sua carreira.

54 Fui Promovido! E Agora?

Você se considera um profissional de sucesso?

Todos nós buscamos o sucesso profissional, que para a maioria se traduz num bom emprego com um ótimo salário, oportunidades de crescimento, etc.

Parece até que estou ouvindo sua voz dizendo: *"Até aí nada de novo..."*. Pois é, nada de novo. O que se pretende, neste capítulo, é que você compreenda o significado de palavras como **sucesso**, **trabalho** e **salário** e suas consequências em nosso subconsciente.

A partir dessa compreensão poderemos, quem sabe, acelerar um pouquinho mais nossa trajetória rumo ao sucesso.

A palavra **sucesso** vem do latim *successus*. O Dicionário Aurélio define sucesso como *"aquilo que sucede, acontecimento, sucedimento; resultado, conclusão; parto; bom êxito, resultado feliz..."*.

A palavra **salário** tem origem no latim *salariu*[1] que era o direito concedido aos soldados romanos de receberem sal em troca por seus serviços. Lembre-se de que àquela época o sal era um bem muito valioso.

A palavra **trabalho** vem do latim *tripalium*. Na antiga Roma, *tripalium* era um instrumento de tortura, constituído de três paus, que servia para punir os escravos que se recusavam a executar suas tarefas. Posteriormente os soldados romanos passaram a usar a expressão "ir para o *tripalium*", quando saiam de casa para cumprir suas obrigações profissionais.

Gostaria de acrescentar a etimologia da palavra inglesa *work*. Ela se origina do inglês arcaico – falado e escrito aproximadamente entre os anos 450 a 1100 da era Cristã – e vem das palavras *weorc* e *worc* que têm, entre outros, como um de seus significados o sentido de *fornication*, que obviamente é desnecessário traduzir.

Deu para perceber aonde quero chegar?

Não acha mais fácil e mais prazeroso dizer *go to work* do que *ir para o trabalho*? Em certos casos, nascer num país de língua latina pode não ajudar.

Percebe como em nosso subconsciente as palavras podem interferir? Em primeiro lugar, por usarmos uma determinada língua, carregamos em nosso subconsciente todos os significados históricos associados às palavras desse idioma. Trabalho, nesse sentido, pode equivaler à tortura!

Se você discorda, fique tranquilo. Já é um bom começo. Eu também não me sinto indo para o *tripalium* todas as manhãs. Entretanto, pergunte para 20 pessoas qual o pior dia da semana e descubra quantas responderão "segunda-feira".

Quero apenas que avalie como para nós latinos é preciso redefinir o significado de trabalho em nossas mentes e buscar a motivação e os aspectos lúdicos e positivos que **não** estão associados **naturalmente** a essa palavra.

Quem sabe, buscar na Grécia antiga uma inspiração. Os gregos não escreviam obituários. Quando um homem falecia, eles perguntavam simplesmente se ele viveu com paixão.

Pense nisto:

Você acha que dá para encontrar o sucesso sem paixão pelo que faz?

Como disse Kazuo Inamori em seu livro *Paixão pelo Sucesso*: "A linha que separa uma pessoa bem-sucedida de outra que falhou é fina como uma folha de papel. De fato, pessoas que não tiveram sucesso não são necessariamente irresponsáveis; muitas são sinceras, entusiasmadas e trabalham arduamente, assim como as que alcançaram metas extraordinárias".[2] Inamori acrescenta: "Entretanto, algumas tiveram sucesso enquanto outras falharam. Podemos pensar que a sociedade é injusta, mas entre esses dois grupos de pessoas há uma barreira – um muro fino como papel, mas difícil de ser transposto".

Como romper essa fina parede que separa os que falham dos que têm sucesso?

Transpondo as barreiras

Minha sugestão é trabalhar em três eixos: **perseverança, 'tenacidade e resiliência'** além de **'afastar seus medos'**.

Vejamos como ao trabalhar nesses três eixos você estará se ajudando e se aproximando de seus objetivos profissionais.

Perseverança

Existem pessoas que não desistem, mesmo sob as mais improváveis chances de sucesso ou após sucessivos fracassos. Essas pessoas são as únicas que alcançam resultados inimagináveis, pois não se deixam levar pela 'lei das probabilidades' ou pelo seu próprio histórico. São pessoas que, ao falhar, recomeçam; ao cair, se levantam. Desistir é um verbo que não faz parte do seu dicionário.

Confúcio disse: *"Se há pessoas que não estudam ou que, se estudam, não aproveitam, elas que não se desencorajem e não desistam; se há pessoas que não interrogam os homens instruídos para esclarecer as suas dúvidas ou o que ignoram, ou que, mesmo interro-*

gando-os, não conseguem ficar mais instruídas, elas que não se desencorajem e não desistam; se há pessoas que não meditam ou que, mesmo que meditem, não conseguem adquirir um conhecimento claro do princípio do bem, elas que não se desencorajem e não desistam; se há pessoas que não distinguem o bem do mal ou que, mesmo que distingam, não têm uma percepção clara e nítida, elas que não se desencorajem e não desistam; se há pessoas que não praticam o bem ou que, mesmo que o pratiquem, não podem aplicar nisso todas as suas forças, elas que não se desencorajem e não desistam; o que outros fariam numa só vez, elas o farão em dez, o que outros fariam em cem vezes, elas o farão em mil, porque aquele que seguir verdadeiramente esta regra da perseverança, por mais ignorante que seja, tornar-se-á uma pessoa esclarecida, por mais fraco que seja, tornar-se-á necessariamente forte".

Confúcio, aos 55 anos, foi abandonado pelo seu mestre. Mesmo assim, perseverou, oferecendo extraordinária contribuição filosófica para a humanidade.

E você?

Tenacidade e resiliência

Recorrendo à física, **tenacidade** é uma medida da quantidade de energia que um material pode absorver antes de fraturar, e **resiliência** é a propriedade pela qual a energia armazenada em um corpo deformado é devolvida quando cessa a tensão causadora de tal deformação elástica, como as fibras de um tapete que voltam a se elevar depois de pisadas. Quanto maior sua capacidade de retornar à situação anterior, maior sua resiliência.

Uma pessoa tenaz consegue resistir a uma enorme pressão e, caso seja também resiliente, ao superar essa situação, retorna à sua "condição original", ou seja, volta a desempenhar sua função como se nada tivesse ocorrido.

Pessoas resilientes não se deixam abater facilmente e conseguem manter o bom humor mesmo em situações extremamente adversas; jamais culpam os outros pelos seus fracassos e mantém um excelente nível de energia no trabalho.

Como melhorar seu nível de resiliência? Com atitudes comuns às pessoas resilientes, ou seja, praticando. Vejamos, algumas atitudes comuns aos resilientes:

- comemoram as pequenas conquistas;

- avaliam como conseguiram isso e se 'nutrem' para enfrentar os desafios maiores;

- não se acham injustiçados ou vítimas de alguma situação;

- enfrentam cada desafio como uma oportunidade de crescimento pessoal;

- a cada obstáculo se sentem fortalecidos para enfrentar os próximos;

- inspiram-se em pessoas que servem de 'modelos' de superação.

Qualquer um de nós pode melhorar seu próprio nível de perseverança e de resiliência.

Afastar seus medos

Temos medo. Medo é intrínseco ao ser humano. O medo é necessário, pois nos sinaliza riscos, nos ajuda a estabelecer limites e nos protege.

> ## *"O medo tem alguma utilidade, mas a covardia, não."*
>
> — *Mahatma Gandhi*

O mais importante, neste caso, é a sua autoanálise levando à identificação precisa das razões que lhe obstruem o avanço. Sugiro que lute apenas contra os medos que não lhe acrescentam nenhuma proteção.

Portanto, não estou sugerindo uma batalha infindável contra todos os seus medos. Lute apenas contra aqueles medos que estão lhe impedindo que caminhe rumo aos seus objetivos pessoais.

Ocorre que alguns medos nos levam à estagnação, como o medo de errar ou falhar, por exemplo.

> ## *"Entre o sim e o não, só existe um caminho: escolher."*
>
> — *Clarice Lispector*

Afastar o medo de errar lhe permitirá tentar acertar. Não é uma garantia de que acertará, mas a cada nova tentativa suas chances de acertar aumentam.

> ## *"Sucesso não é o fim, falha não é fatal: é a coragem de continuar que conta."*
>
> — *Winston Churchill*

Conclusão

Se fizer tudo isso, você terá mais chances de ser considerado uma pessoa de sucesso. Pessoa de sucesso ou de sorte?

Sorte, no sentido que uso aqui, não tem relação com fenômenos sobrenaturais. Emprego *sorte* no sentido de destino, e creio fortemente que o destino tem grande contribuição do próprio indivíduo. Por isso não jogo na Mega-Sena. Acredito que aquilo que eu conquistar será fruto de meu trabalho.

As pessoas de sucesso muitas vezes são consideradas pessoas de sorte. Pode ser verdade... Veja o que diz Donald Trump sobre isso:

"Quanto mais duramente você trabalha, mais sorte você consegue."

Para muitos a sorte é um fenômeno sobrenatural e extrínseco. Para mim é apenas a ilusão causada pelo sucesso.

É muito mais fácil enxergar as consequências visíveis do sucesso, como a casa de fulano, o carro de sicrano, do que analisar qual foi a trajetória do indivíduo para chegar àquele ponto (permita-me excluir obviamente as pessoas desonestas da minha análise).

Exclua a palavra "sorte" de seu vocabulário, principalmente se for usada de forma negativa – *Não tenho sorte; não estou com sorte* etc. Não se dê desculpas. Seja tenaz, perseverante, resiliente, afaste seus medos e tenha sempre a coragem de prosseguir. Trabalhe duro! Trabalhar duro não significa abdicar de outros prazeres. Não abra mão de sua vida pessoal. Você será considerado por muitos uma pessoa de sorte.

Para finalizar, gostaria de lhe propor a seguinte reflexão:

"Procure ser uma pessoa de valor, em vez de ser uma pessoa de sucesso."

– *Albert Einstein*

Muitas vezes, ao buscar uma coisa, você encontrará outra.

5 VOVÔ VIU A UVA

"Dizer o óbvio compensa, especialmente se você tiver uma reputação de sutileza."

– Isaac Asimov

Neste capítulo você aprenderá:

- Como filtrar o que ouve.

- Como diferenciar o que as pessoas verbalizam do real significado do que disseram.

- Como identificar situações em que o que lhe dizem é inútil.

- Como avaliar se o que você está dizendo tem real valor para quem ouve.

Aprendi a ler com a cartilha *Caminho Suave,* da educadora Branca Alves de Lima. Essa cartilha me alfabetizou, assim como aproximadamente outros quarenta milhões de brasileiros.

A cartilha usava o método fônico, que ensinava a reconhecer os sons e os fonemas das letras e sílabas. A crítica ao método fônico é que se aprende pelos fonemas e sons e não se dá tanta atenção, num primeiro momento, ao conteúdo do texto e muito menos ao contexto social envolvidos no processo de aprendizado.

Nessa cartilha havia uma lição que continha a frase "vovô viu a uva" e a frase subsequente "a uva era da vovó", e as duas não faziam sentido. A autora só estava criando uma situação para aprendermos o som e a grafia da letra "v".

Filtrando o que se Ouve

Minha esposa e eu usamos a expressão "vovô viu a uva" quando queremos nos comunicar, mas não temos **nada para dizer** ou quando ouvimos **algo que não faz nenhum sentido**. Deixamos escapar um "vovô viu a uva" de vez em quando, que traduz claramente o que queremos dizer...

Traçando um paralelo com o mundo corporativo e pessoal, vamos analisar os "vovô viu a uva" que ouvimos, infelizmente, muitas vezes por dia.

Quero usar essa situação para alertar que no ambiente profissional estamos rodeados de pessoas nos dizendo "vovô viu a uva". Essas pessoas recorrem a tantas variações sobre o tema, que fica simplesmente impossível fazer uma lista de frases similares para alertá-los. Você terá de aprender a identificar essas variações.

Minha sugestão é que aprenda a reconhecer essas situações e a se proteger, dentro do possível, pois esses "vovô viu a uva" com os quais somos bombardeados são, em geral, tentativas de colocar o "mico nas nossas costas" e livrar a pessoa que o disse de qualquer responsabilidade ou de lhe confundir, dizendo algo sem sentido.

Faça a Pergunta Certa

Acompanhe o exemplo a seguir.

Você é o responsável pelo departamento de vendas de sua empresa. Ao analisar o relatório de vendas do mês, você conclui que as coisas não estão indo bem. As vendas estão muito abaixo da expectativa para o número de dias úteis que já se passaram. O telefone toca. É seu chefe. Ele lhe pergunta sobre o volume de vendas do mês. Você pensa: – *Puxa, que sorte ter analisado o relatório minutos antes.* Você responde que as vendas estão fracas, bem abaixo da expectativa e ouve: – *Você tem de fazer algo para aumentar as vendas!* Ou seja, vovô viu a uva!

É brilhante!

Você poderia imaginar que o mundo é injusto, que o chefe deveria ser você, e outras coisinhas impublicáveis, mas, em minha opinião seu chefe é um gênio. Com um simples "vovô viu a uva" disfarçado, ele disse uma verdade irrefutável (precisa aumentar as vendas), e lhe deixou com total responsabilidade para resolver o problema, pois se colocou fora do campo de atuação.

E se seu chefe lhe perguntasse – *Por que as vendas estão fracas?*

Tanto a pergunta como a resposta seriam do tipo "vovô viu a uva", pois você explicaria o que está ruim e deixariam de tratar do verdadeiro problema que é: como melhorar as vendas antes que o mês termine.

Se quiser perguntar algo útil, pergunte "o que", "como" ou "qual" e não "por que".

> *"Perguntas de **por que** podem lhe dar razões, explicações, justificações, desculpas, mas em geral não trazem informações úteis. Não pergunte ao seu filho por que ele está tendo problemas com álgebra. Pergunte **o que** ele precisa para se sair melhor."* [1]
>
> – *Anthony Robins*

No caso das vendas abaixo das expectativas, as perguntas poderiam ser:

- **O que** podemos fazer para minimizar o impacto desses primeiros dias de vendas fracas?

- **Qual seu plano de ações** para minimizar esse efeito?

- **Como** iremos neutralizar o efeito negativo desses primeiros dias?

Perceba que faz muita diferença perguntar **o que faremos** em vez de **o que você fará**... Desse modo o líder se coloca ao lado de seu liderado. E o problema é compartilhado.

Os "vovô viu a uva" virão tanto de cima da pirâmide hierárquica como de baixo. Seus liderados saberão usar a "técnica", mesmo que tenham sido alfabetizados pelo método de Jean Piaget[2]...

Outro tipo de "vovô viu a uva" é aquele em que seu interlocutor **não quer** fazer algo e lhe dá uma resposta que até parece fazer sentido.

Vou lhe dar um exemplo que não é do mundo corporativo, só para variar. Tenho um sítio e um jardineiro cuida desse sítio. Todo final de semana eu combino com ele uma programação dos serviços para a semana seguinte. Por exemplo, peço que ele comece a cortar a grama dos taludes para não acumular muito serviço. Se ele **não quer** fazer isso na semana seguinte, ouço uma resposta do tipo: – *Seu Roberto, eu acho melhor esperar vir uma chuva antes, pois faz muito tempo que não chove e a grama vai sofrer muito se eu cortar agora.* Já concordei com ele muitas vezes.

Então, quando chove, ligo para o jardineiro à noite e digo: – *Bom, agora que choveu já pode cortar a grama.* A resposta dele: – *Seu Roberto, a grama está muito encharcada e fica muito escorregadia. É melhor esperar uns dias para secar.* Ou seja, de novo "vovô viu a uva".

O jardineiro nunca me disse que não está com vontade de fazer aquilo ou que na opinião dele existem outras prioridades. Pelo menos não disse com essas palavras.

Talvez você ache que eu deveria demitir meu jardineiro e contratar outro. Desculpe minha sinceridade, mas sugiro que compre um sítio e viva essa "alegria" por cerca de dois anos antes de me dar sugestões.

A questão é que em certos casos não vale a pena trocar seis por meia dúzia, nem no sítio nem em sua empresa. Invista em ajudar as pessoas a encontrar os fatores de motivação para fazerem o que você ou sua empresa precisa.

Ao descobrir o que motivaria um liderado seu a fazer algo que em princípio ele não gosta, você fica mais perto de conseguir isso.

Estou trabalhando para entender o que motiva o meu jardineiro.

6 MELHORAR OU INOVAR?

"Nunca se esqueça de que somente peixes mortos nadam com a corrente."

– Malcolm Muggeridge[1]

Neste capítulo você aprenderá:

- Por que todo gerente deveria saber a diferença entre melhoria e inovação.

- Como você pode ajudar sua equipe a melhorar continuamente os produtos ou processos.

- Como ajudar sua equipe a se tornar inovadora.

- O que Deming tem a ver com os processos de melhoria.

- Como usar o processo PDCA de modo eficaz.

É muito comum a dificuldade para distinguir **melhoria continua** de **inovação** e quando e como trabalhar em cada uma das alternativas.

Você deve estar se perguntando: – *Bom, e daí?*

A importância de distinguir melhoria de inovação reside no fato de que são coisas diferentes, tratadas com ferramentas diferentes e por pessoas em diferentes níveis na organização. Então, cuidado com a simplificação exagerada dos conceitos, pois isso poderá lhe tomar mais tempo e recursos do que possa imaginar.

Joseph Schumpeter foi um grande influenciador das teorias de inovação que existem até hoje. Já em 1934, ele defendia a ideia de que o desenvolvimento econômico é impulsionado pela inovação, por meio de um processo dinâmico, no qual as novas tecnologias substituem as antigas, o qual denominou *"destruição criativa"*.

De acordo com o ponto de vista de Schumpeter, as **inovações radicais** criam grandes rupturas, enquanto **inovações incrementais** provocam o avanço contínuo do processo de mudança. Ele propôs cinco tipos de inovações[2]:

- Introdução de novos produtos.

- Introdução de novos métodos de produção.

- Abertura de novos mercados.

- Desenvolvimento de novas fontes de fornecimento de matérias primas ou outros insumos.

- Criação de novas estruturas de mercado para uma indústria.

Para simplificar, prefiro dizer que **melhoria** ocorre quando os processos ou produtos envolvidos evoluem gradualmente, com pequenos incrementos de qualidade, e **inovação** ocorre quando um processo ou produto é radicalmente alterado, de modo que não se reconhece uma alteração incremental, mas sim algo inteiramente novo.

Assim, por exemplo, se estivéssemos analisando o processo de troca de produtos numa linha de produção e o tempo de troca (*set up time*) fosse de 74 minutos, obteríamos uma **melhoria** se reduzíssemos o tempo em alguns minutos, e teríamos uma **inovação** se conseguíssemos alterar de tal modo o processo que o *set up* da linha fosse realizado em *apenas* alguns minutos.

Pense numa máquina de escrever. Apenas utilizando processos de melhoria contínua, teríamos, por exemplo, evoluído exponencialmente no desempenho de uma máquina de escrever, mas ainda assim, seria um equipamento de datilografia melhorado. De fato, foi isso que ocorreu, quando as máquinas de escrever mecânicas evoluíram e se tornaram máquinas elétricas, e mais tarde passaram para tecnologia eletrônica, em que se podia até digitar uma linha inteira e visualizar num pequeno painel da máquina, antes de pressionar uma tecla e permitir que a máquina imprimisse toda a linha no papel, reduzindo drasticamente o número de erros de digitação.

Essas foram inovações importantes na época e deram enorme vantagem competitiva para as empresas que detinham a tecnologia para colocar no mercado. Então, por que as máquinas de escrever praticamente desapareceram do cenário?

Com o advento dos microcomputadores pessoais e da introdução dos processadores de texto, nenhuma inovação nas máquinas de escrever conseguiria suplantar os benefícios da informática. Os concorrentes dos fabricantes de máquinas de escrever viriam a ser os fabricantes de micros pessoais e impressoras e não outros fabricantes de máquinas de escrever. A batalha havia mudado completamente de um campo para outro. Por mais inovadora que fosse uma determinada empresa de máquinas de escrever, não havia como competir com os micros e impressoras.

A conclusão, a partir do exemplo das máquinas de escrever, é a seguinte:

Nenhum produto ou serviço inovador pode fazer frente à outra inovação que cause ruptura tecnológica ou cultural maior.

Prevalecerá sempre a inovação que proporcionar a melhor resposta aos desejos ou necessidades dos consumidores, mesmo que eles ainda não tenham percebido que desejam ou necessitam de algo, simplesmente por não conhecerem tal alternativa.

Em princípio, a **melhoria contínua** não provoca rupturas tecnológicas ou concorrenciais, apenas pode proporcionar uma vantagem competitiva por algum tempo. Ao implantar uma melhoria, seus concorrentes rapidamente perceberão seu movimento e copiarão sua empresa, de modo que será imperativo melhorar novamente, num processo cíclico, sem fim. A melhoria contínua mantém a empresa "no jogo", mas não garante a vitória. Como nos ensinou Porter, basta sermos melhores do que a concorrência. Ocorre que por não termos certeza absoluta de quem é a nossa concorrência de amanhã, precisamos mais do que apenas melhorar em relação aos concorrentes de hoje.

O gerente tem obrigação de buscar diariamente a melhoria contínua dos processos sob sua responsabilidade, e este é um processo interminável.

Imagine-se gerenciando uma fábrica de clipes para papel há trinta anos. Você estaria lutando para melhorar a produtividade e reduzindo os custos de produção dos seus clipes, para se manter à frente da sua concorrência. Seus concorrentes visíveis, na época, eram os outros produtores de clipes para papel, ou de grampos, que por sua vez estariam tentando o mesmo que você.

Seja sincero: você estaria preocupado com uma empresa que estivesse desenvolvendo um bloquinho amarelo, com um adesivo que na verdade não adere totalmente ao papel, de modo que não o danifica quando retirado? Esse bloquinho amarelo, entretanto, poderia ser o principal motivo da saída de sua empresa do mercado ou pelo menos reduziria em muito sua chance de sobrevivência e crescimento. Mesmo assim, como ainda existem clipes no mercado até hoje, o gerente de uma fábrica de clipes nos dias atuais tem de buscar a melhoria da qualidade, a redução de custos e o aumento de produtividade diariamente para não ser suplantado por outro concorrente da mesma categoria de produtos.

O nosso concorrente de hoje não é necessariamente o concorrente de amanhã.

Quer outros exemplos?

Imagine um fabricante de filmes fotográficos há vinte anos, tentando melhorar a qualidade de seus produtos... Pense em discos de vinil; vitrolas; fitas magnéticas para gravadores; gravadores de som com fitas magnéticas; carburadores para motores à explosão; para-choques de metal para veículos de passeio; máquinas de telex, só para citar alguns produtos que praticamente desapareceram.

Por esse motivo, é **obrigação** da alta direção da empresa criar as condições para que as **inovações** possam "emergir", pois serão elas que darão à empresa as verdadeiras vantagens competitivas em relação aos concorrentes de hoje e, principalmente, aos concorrentes do futuro.

Uma empresa realmente inovadora tem mais chances de sobreviver do que uma empresa que apenas melhora continuamente seus produtos e serviços.

Deming, o Milagre Industrial Japonês e a Melhoria Contínua

Em 2 de setembro de 1945, o Japão se rendeu incondicionalmente aos aliados, após Hiroshima e Nagasaki terem sido bombardeadas por artefatos atômicos.

O Imperador Hirohito assinou a rendição na frente do General Douglas MacArthur. Os americanos haviam nomeado MacArthur como o Comandante Supremo das Forças Aliadas, responsável pelas operações militares no Japão.

Após a rendição, MacArthur foi o responsável pela condução do Japão, um país em frangalhos, à sua recuperação econômica e ao seu processo de redemocratização.

Naquela época, ninguém acreditaria que em muito pouco tempo o Japão se tornaria uma potência industrial. Em 1947, o General MacArthur convidou W. Edwards Deming para contribuir na preparação do censo que seria realizado em 1951.

Em virtude de sua experiência em técnicas estatísticas, Deming foi convidado pela JUSE (*Japanese Union of Scientists and Engineers*, fundada em 1946) para ajudar as empresas e os engenheiros japoneses a melhorar o padrão de qualidade dos produtos industrializados por meio de técnicas de CEP (Controle Estatístico de Processos). Deming fez mais do que isso. Exigiu falar diretamente com os principais executivos das empresas que o convidaram e propôs um plano baseado em conceitos estatísticos para melhorar não só a qualidade, mas também a produtividade e a rentabilidade das empresas japonesas.

Ele não apenas entendia que deveria ser um projeto que partisse do topo da organização, mas sabia que o termo *qualidade* não sensibilizaria tanto os dirigentes como as palavras *rentabilidade* e *produtividade*. O resultado desse trabalho todos nós conhecemos. Deming trouxe a estatística para dentro das empresas e a tornou algo natural e compreensível até mesmo aos operários menos escolarizados.

Ele introduziu também os conceitos de **causa especial**[3]e **causa comum**[4], e do **ciclo de melhoria – PDCA** (plan-do-check-act).

Entenda que todo processo apresenta variações, que podem ser previstas e medidas. Entretanto, nossa obrigação é buscar sua redução ao máximo.

As duas fontes de variação dos processos – causas especiais e causas comuns – devem ser tratadas de forma diferente. Para isso, precisamos aprender a diferenciar umas das outras.

As **causas comuns** são inerentes ao próprio processo e, portanto, independem da ação dos operadores. Não importa qual seja a ação dos operadores, essas variações já estão presentes e suas consequências resultarão na qualidade final do produto. Por exemplo, a qualidade das matérias primas, o projeto do produto, a qualidade dos componentes utilizados, uma máquina defeituosa, etc.

As **causas especiais** são devidas a fontes externas ao processo, e, portanto, quando identificadas, podem ser corrigidas pelos operadores. Por exemplo, a regulagem inadequada de uma máquina, por um operador, falhas de calibração de instrumentos de medição que levam a conclusões e ações corretivas inadequadas, procedimentos mal compreendidos ou não observados, etc.

Deming deixou claro que a maior parte dos problemas ocorre devido a causas comuns (94% dos desvios) e estas não podem ser alteradas pelos operários no chão de fábrica. Somente a gerência tem condições de fazer isso.

Lembre-se:

Você é responsável por 94% dos "defeitos" gerados na sua área de responsabilidade.

Apenas 6% dos desvios são devidos a causas especiais. Portanto, passíveis de serem resolvidos pelos operadores.

Lembre-se de que um sistema não consegue se *autogerenciar*. Portanto, alguém deve gerenciar os processos.

A gerência deve gerenciar!

Ops! Parece que coloquei o ovo em pé...

É algo próximo do absurdo, mas muitos gerentes não acham que seu papel seja gerenciar processos **por meio das pessoas** envolvidas. Muitos gerentes acreditam que sua função é coletar informações que os ajudem a explicar razoavelmente a situação vigente, em vez de buscar maneiras de alterar a situação para obter resultados melhores.

Seu papel como gerente é analisar os processos de forma sistemática e por meio de ferramentas que permitam identificar possíveis causas comuns. A identificação da origem das causas comuns ou sistêmicas é o primeiro passo no processo de melhoria.

Existem muitas ferramentas; porém, algumas delas se popularizaram e são atualmente de conhecimento e domínio geral no mundo corporativo, como por exemplo:

- Planilhas de verificação ou de controle.

- Fluxogramas de processo.

- Diagrama de Pareto.

- Diagramas de causa-efeito ou de Ishikawa.

- Carta corrida.

- Carta de controle.

- 5W1H.

Essas ferramentas podem lhe ajudar a entender melhor os processos e os sistemas de modo que possam ser melhorados.

Lembre-se de que um artesão precisa ter boas ferramentas, mas ter boas ferramentas não é suficiente para alguém ser um bom artesão.

Nada substitui o conhecimento e a experiência, seu e de sua equipe.

Conhecer os processos, os subsistemas e os sistemas da empresa e compreender como as pessoas influem neles é a primeira condição para se obter bons resultados.

Por Que as Empresas Inovam?

As empresas estão ora defendendo suas posições estratégicas, ora buscando vantagens competitivas em relação a seus concorrentes. A correta determinação do momento em que a empresa deve inovar para defender uma posição conquistada ou inovar para conquistar uma posição almejada é o *"xis"* da questão estratégica e o principal motivo do sucesso ou do fracasso das empresas de alta tecnologia, por exemplo.

A OCDE (Organização para a Cooperação e o Desenvolvimento Econômico da Comunidade Europeia) preparou o *Manual de Oslo* – Proposta de Diretrizes para Coleta e Interpretação de Dados sobre Inovação Tecnológica –, traduzido em 2004 pelo Ministério da Ciência e Tecnologia, sob coordenação da FINEP[5].

Nesse manual, a OCDE explica a razão por que as empresas inovam, relembrando Schumpeter: "A razão apresentada na obra de Schumpeter é que elas estão em busca de lucros – um novo dispositivo tecnológico traz alguma vantagem para o inovador. No caso de processo que eleve a produtividade, a empresa obtém uma vantagem de custo sobre seus concorrentes, vantagem esta que lhe permite obter uma maior margem aos preços vigentes de mercado ou, dependendo da elasticidade da demanda, usar uma combinação de preço mais baixo e margem mais elevada do que seus concorrentes para conquistar participação de mercado e obter ainda mais lucros. No caso de inovação de produto, a empresa obtém uma posição monopolista devido, ou a uma patente (monopólio legal), ou ao tempo que levam os concorrentes para imitá-la. Esta posição monopolista permite que a empresa estabeleça um preço mais elevado do que seria possível em um mercado competitivo, obtendo lucro, portanto."

Se quiser se preparar para ocupar cargos de direção, comece a se preocupar com esse tipo de questão enquanto seu pescoço ainda não depende de suas decisões...

Como dizia minha avó:

"É preciso manter um olho no gato
e outro no peixe."

Preparando a Empresa para Inovação

A empresa em que você atua está preparada para inovar?

Há dois prerrequisitos que determinam se uma empresa pode ser inovadora ou não. São as suas **competências estratégicas** e as suas **competências organizacionais**. São condições necessárias, porém não suficientes para tornar uma empresa uma organização inovadora.

As **competências estratégicas** determinarão a capacidade de se antecipar aos movimentos do mercado e aos movimentos tecnológicos. Seria como se sua "bola de cristal" fosse melhor que as "bolas de cristal" dos concorrentes.

As **competências organizacionais,** como a disposição da empresa para riscos e sua capacidade de gerenciar esses riscos, determinará sua "velocidade" e sua capacidade de antecipação em relação à concorrência.

As estruturas formais das empresas têm pouco ou nada a ver com a sua capacidade de coletar, analisar e aprender com informações externas à própria organização. Uma das razões é que a capacidade de coletar, analisar e aprender depende mais da **competência de suas equipes** e da **colaboração** do que da própria maneira como se organizam hierarquicamente. Assim, duas organizações com estruturas formais similares poderão apresentar capacidades de inovação totalmente diferentes entre si.

Portanto, se quiser se destacar, prepare sua equipe para coletar, analisar e aprender a partir de informações e sinais do mercado.

Como Definir a Capacidade de Inovar de uma Empresa?

A importância de compreender e definir a capacidade de inovação de uma empresa está no fato de que ao sabermos definir esse parâmetro, poderemos trabalhar em sua ampliação.

O Manual de Oslo afirma: *"A capacidade tecnológica de uma empresa está, em parte, inserida em sua força de trabalho. Empregados capacitados são considerados um recurso-chave de uma empresa inovadora. Sem trabalhadores capacitados a empresa não conseguirá dominar novas tecnologias e, muito menos, inovar. Além de pesquisadores, as empresas necessitam de engenheiros que possam gerenciar as operações de fabricação, de vendedores capazes de entender a tecnologia que estão vendendo (tanto para vendê-la, como para trazer de volta as sugestões dos clientes) e gerentes gerais familiarizados com as questões tecnológicas. A capacidade depende também das características da estrutura da empresa, de sua força de trabalho e das facilidades de que dispõe (competências, departamentos), de sua estrutura financeira, de sua estratégia, dos mercados, dos concorrentes, das alianças com outras empresas ou com universidades e, acima de tudo, de sua organização interna. Muitos desses aspectos são complementares. Uma determinada estrutura de competência caminhará de mãos dadas com um tipo particular de estratégia, de estrutura financeira e assim por diante."*

Acredite se quiser, mas ainda existem empresas que medem a capacidade de inovar pelo número de computadores por funcionário, número de sugestões de melhoria ou coisas do gênero.

A inovação pode, obviamente, ser gerada dentro das empresas, mas é inegável que sempre será influenciada pelo que ocorre fora delas.

Já se foi o tempo em que uma empresa poderia se considerar autossuficiente em tecnologia e conhecimento. Neste aspecto, nunca subestime a importância das alianças entre a empresa e as universidades ou outras empresas "complementares" à atividade de inovação, como fornecedores ou clientes.

7 VOCÊ É X OU Y?

*"Jean-Paul Sartre aconselhou seus discípulos em todo o mundo a ter um projeto de vida, a decidir o que queriam ser e, a partir daí, implementar esse programa consistentemente, passo a passo, hora a hora. Ora, ter uma identidade fixa, como Sartre aconselhava, é hoje, nesse mundo fluido, uma decisão de certo modo suicida. Se tomarmos, por exemplo, os dados levantados por Richard Sennett — o tempo médio de emprego em Silicon Valley é de oito meses —, quem pode pensar em um **projet de la vie** nessas circunstâncias?"*

– Zygmunt Bauman[1]

Neste capítulo você aprenderá:

- A se conhecer um pouquinho mais.
- Por que deve compreender a que grupo pertence.
- Por que deve compreender a que grupo seu chefe e pares pertencem.

Sei que pareço ainda mais pretensioso do que nos capítulos anteriores ao me aventurar num assunto destes.

No mundo atual, os executivos têm obrigação de se conhecerem e conhecerem seus concorrentes, dentro e fora da empresa. Para cada posição, na sua empresa, existem centenas, milhares de candidatos potenciais para ocupá-la.

Infelizmente, para **sua** vaga também! Então sugiro que conheça como pensam as pessoas que competem ou competirão com você, seja pela sua posição atual, seja pelas oportunidades futuras.

Você É X ou Y?

Descobri recentemente que não pertenço à geração X, muito menos à Y! Sou classificado como um *baby boomer*.

Atualmente, temos basicamente três gerações convivendo e competindo no mercado de trabalho: *baby boomers*, geração X e geração Y.

Apesar de ter algumas restrições pessoais a essas denominações, que colocam povos e culturas diferentes num mesmo "balaio", não tenho nenhuma sugestão melhor para analisar a diferença de atitudes, interesses e posicionamento dessas três gerações no mercado de trabalho; logo, usarei as denominações correntes.

Se você nasceu entre 1945 e 1959, é um ***baby boomer*** como eu. Aliás, você nem deveria estar lendo este livro, a não ser que ele pertença a seu filho.

Se você nasceu aproximadamente entre 1960 e 1980, é um profissional da **geração X**.

Caso tenha nascido após 1981 é um profissional da **geração Y**, nos EUA são também chamados de Millennials, Echo Boomers, Geração Next ou Geração Internet.

As referências de datas em que uma geração começa, ou termina, variam um pouco, dependendo da fonte; portanto, não se atenha às datas de forma rígida.

A geração Y está chegando ao mercado de trabalho e impactará fortemente esse ambiente nos próximos anos. Entendê-los não só poderá ajudar as empresas em suas políticas de RH, como ajudará aos demais "colegas" de trabalho e chefes dos Y a conviver e tirar o melhor deles.

Os termos *geração X* e *geração Y* foram criados pelos profissionais de marketing pela necessidade de distinção entre os fatores motivacionais desses grupos para que pudessem se comunicar com cada geração de forma mais eficaz. Queriam "vender melhor" para cada grupo.

Da mesma forma que a indústria da propaganda precisa entender como cada geração se comunica e quais seus fatores motivacionais, as empresas e os gerentes devem fazer o mesmo, para não desmotivar esses diferentes grupos e para reter os melhores talentos.

Os *baby boomers* irão se aposentar nos próximos anos. Esta é a "boa notícia" para você, leitor: mais vagas sendo abertas nas empresas, mesmo que não haja forte crescimento da economia.

Convivemos atualmente com muitos *X* e alguns *Y* nas organizações. O número de profissionais da geração Y que está chegando ao mercado de trabalho é enorme.

Os X ou os Y substituirão a mim e muitos outros *baby boomers* no comando das empresas. Hoje, a competição entre X e Y ainda não está nem perto do que será daqui a cinco ou dez anos.

A *Revista Time* publicou um artigo[2] denominado "What Gen Y Really Wants" em que aborda o assunto e apresenta a estatística americana. Os números impressionam. São 85 milhões de *baby boomers,* 50 milhões de geração X e estão chegando ao mercado de trabalho, nos próximos anos, 76 milhões da geração Y, isso apenas nos EUA.

As definições de geração X, Y, *baby boomers* está bastante disseminada na internet. Usei inúmeras fontes[3] para estabelecer os "modelos" que representam esses diferentes grupos. Preferi acrescentar aos três grupos mais uma geração, que os antecedeu e permitirá situar melhor o leitor. Trata-se dos "velhos".

Geração dos Velhos

Sei que essa denominação pode causar muita estranheza. A definição de **velho** hoje em dia é muito difícil. Quando eu era criança, uma pessoa de minha idade já era "velha". Atualmente, não apenas a expectativa de vida é muito maior, como a saúde das pessoas, para a mesma faixa etária, é muito melhor do que era a algumas décadas. A cantora Madonna tem cerca de 50 anos e há muito garotão interessado nela. Quando minha avó tinha 50 anos, eu a considerava velha.

Costumo dizer que me sinto "velho" quando a música que está tocando no elevador era música de vanguarda no meu tempo de adolescência. Hoje, se um adolescente ouvir Pink Floyd em um elevador pode até achar que é "música clássica". Portanto, me desculpe caso esteja lendo o livro de seu neto, mas não quero ofender ninguém, estou quase lá também.

"Velhos" são os *que nasceram antes de 1945*. São pais dos *baby boomers ou* pessoas com mais de 60 anos. Gostam do Super-Homem, do Tarzan, do Fantasma, do Mandrake, etc. Ouviram a Hebe Camargo dizer: "pena que a TV não seja em cores...", quando apresentava desfiles de moda em preto e branco. Gostam de Frank Sinatra e Fred Astaire. Viveram a Grande Depressão – a crise pós *"crack* das bolsas" em 1929. Viveram "pela empresa". Seu objetivo era entrar em uma boa empresa e fazer carreira até se aposentar. Estabilidade era o que buscavam.

Geração dos Baby Boomers

Os *baby boomers* admiram Gandhi e J. F. Kennedy e gostam dos Beatles. No Brasil, assistiram ao vivo aos festivais de Música Popular Brasileira da TV Record, com Gilberto Gil, Caetano Veloso, Chico Buarque e Elis Regina no início de suas carreiras. Assistiram ao seriado Batman e Robin em branco e preto e colecionaram os seus gibis. Viram o National Kid suspenso por cabos de aço, "voando" para defender o nosso planeta da invasão dos Incas Venusianos. Jogaram bolinha de gude "à vera". Aprenderam a gostar de Fórmula 1 com as vitórias de Emerson Fittipaldi e Nelson Piquet. Viveram a ditadura e a censura. Viveram a era da prosperidade econômica, do crescimento econômico, da liberação sexual, do festival de Woodstock, dos *hippies*, das músicas de protesto.

São pessoas que tentam equilibrar suas vidas entre família e trabalho.

Geração X

Admiram Spielberg. Assistiram a toda a série de Star Wars. Choraram e se emocionaram com o ET. Vibraram com as vitórias de Airton Senna e choraram sua perda.

Adoram ir ao *shopping center*, mesmo que não precisem comprar nada.

Representam a geração da MTV, dos computadores pessoais e dos jogos Atari e Nintendo. Pagaram a conta dos empréstimos internacionais que haviam promovido o "milagre" do crescimento, mas que virou o pesadelo de sua geração.

Pintaram a cara de verde e amarelo pela volta dos plenos direitos políticos e pelas eleições diretas.

Viveram a era da estagnação econômica. Passaram por todos os planos econômicos e todas as "reengenharias" possíveis e impossíveis de se imaginar. Perderam seus empregos, quando na época o "ideal" sonhado por eles seria se aposentar na mesma empresa que os acolheram após a conclusão da universidade. Tiveram de repensar seus ideais profissionais e seus "novos" fatores motivacionais depois que a "estabilidade" tão bem vendida pelos empregadores, quando lhes interessava, tinha sido jogada no lixo mais rapidamente do que poderiam entender.

Para essa geração, a constante busca é acomodar seus interesses profissionais aos seus interesses pessoais.

Geração Y

Gostam do Pokémon, das Tartarugas Ninja, Spice Girls, Brad Pitt. Não sabem que seria possível sobreviver sem notebooks, internet e cartões de plástico. Somente os Y mais velhinhos se lembrariam de ter acompanhado a queda do "Muro de Berlim" ao vivo na TV. Querem um ambiente de trabalho que permita mobilidade, com processos de decisão ágeis, um ambiente inovador e flexível.

Frustram-se em ambiente de controles rígidos. Não querem pensar no que farão daqui a um ano, mas sabem que provavelmente não será o mesmo que fazem hoje. Manter um profissional Y requer, portanto, estratégias diferentes das que foram usadas até hoje.

Para essa geração, a linha divisória entre trabalho e vida pessoal não é mais tão clara ou tão importante como para as gerações anteriores. Eles estão mais interessados em usar seu tempo de forma significativa e útil, não importa onde.

Nos Estados Unidos, já se consegue identificar a valorização por empregos que lhes permitam sentir que estão "fazendo a diferença" para a comunidade ou para a humanidade e não só para si mesmos ou para a empresa. Assim, oportunidades de trabalho que permitam ao funcionário usar uma parte do tempo para o trabalho voluntário, ou que melhorem o meio ambiente, já estão conseguindo atrair talentos.

No quesito remuneração, salário é importante (Incrível, mas acho que é o único ponto em que não há conflito de gerações.), porém entendem salário como um dos componentes de seu "orçamento".

O salário será usado para pagar as suas despesas pessoais correntes. Consideram também muito importante ganhar bônus ou prêmios extras, como adicionais ao seu orçamento e que possam gastar com o que "gostam" como, por exemplo, em roupas, viagens, automóveis, tecnologia.

Os Y querem experimentar coisas novas, novas culturas, novas experiências profissionais.

Estão forçando as empresas a repensar o equilíbrio entre trabalho e vida pessoal. O ambiente de trabalho e o ambiente familiar não poderão mais ter diferenças significativas.

São responsáveis, mas a definição de responsabilidade tem que ser redefinida. Podem sair mais cedo, mesmo que a carga de trabalho não o permitisse (para a minha geração), pois têm um assunto pessoal para resolver, porém concluirão uma tarefa em casa, de madrugada, sem que o líder precise negociar com eles, caso entendam que isso é importante.

Odeiam controles excessivos e inúteis.

Não gostam de receber instruções ou indicações de como se vestir, pois o "estilo" é uma coisa pessoal, de cada um e não da empresa.

Cresceram estimulados por atividades múltiplas e simultâneas. São acostumados e motivados pela ação. Aceitam fazer coisas diferentes simultaneamente, aliás, isso é o que buscam e gostam. São supercompetitivos.

Aprenderam a jogar e a tentar, sem preocupação. Não têm "medo" de apertar um botão errado e fazer um estrago. Têm a sensação de que o "jogo" sempre recomeça. Por outro lado, não têm muita paciência para entender conceitos complexos, ler livros mais densos, etc. Querem ir "direto ao ponto".

Ouvi esta semana, a mãe dizendo para a filha numa livraria: "– Saiu o livro que você havia comentado. Quer levar?" A resposta: "– Mãe, já estão rodando o filme... Eu assisto quando sair".

Para que ler um livro, se podem entrar na internet e ler um resumo? Para que escrever um texto, se podem pesquisar no Google e depois "recortar e colar"? Esse é um dos maiores desafios que as empresas terão de enfrentar nas duas próximas décadas. Se não o fizerem, correrão o risco de serem dirigidas por pessoas superficiais e sem densidade intelectual.

Conclusões

Ao ler os diferentes perfis, você deverá, achar que nenhum deles o representa fielmente, independente de sua idade cronológica. Também acho.

Acredito que os perfis servem apenas para identificar os valores e estilos predominantes nas diferentes gerações. Para as gerações mais próximas, é natural que o indivíduo seja um "pouco de cada".

Para as empresas, a escolha não se dará entre X **ou** Y. A única resposta às necessidades das empresas será X **e** Y.

As empresas terão de se adaptar ao material humano e intelectual disponível, aliás, nenhuma crítica ou sentido pejorativo nesse comentário. O que importa é entender as gerações X e Y, respeitar suas diferenças e tirar o melhor delas.

Minha sugestão é que você se conheça cada vez mais e tente conhecer seu chefe, seus liderados, seus "clientes", de modo a extrair o melhor de cada um.

8 DICAS ÚTEIS PARA MANTER SUA EQUIPE MOTIVADA

"Estou lentamente me convertendo para o princípio de que não se pode motivar pessoas a fazer coisas, você pode apenas desmotivá-las. A função principal de um gerente não é transferir poder, mas remover obstáculos."

– Scott Adams[1]

Neste capítulo você aprenderá:

- Como manter seus liderados motivados.

- O que pode fazer para não desmotivar sua equipe.

Sua equipe está supermotivada como você.

Ótimos resultados aparecem como por um passe de mágica. As pessoas trabalham em equipe e resolvem seus conflitos dentro dos próprios grupos de trabalho, com maturidade, colaboração e profissionalismo.

Não há desconfiança nem das outras pessoas, nem da empresa. Cada membro de sua equipe está individualmente motivado. Tudo corre às "mil maravilhas".

Se você for o líder de um grupo ou empresa assim, atualize seu currículo e comece a trabalhar seu *network*. Parabéns! Você é desnecessário nessa empresa, procure outra.

Gosta da empresa onde está, as coisas não estão tão maravilhosas assim e deseja continuar por aí mesmo? Achei uma alternativa para você se sentir necessário novamente. Já que não dá para motivar sua equipe, pelo menos aprenda a não desmotivá-la.

Cuidado, não assuma que desmotivar é fácil e que pode simplesmente "pular" este capítulo. Desmotivar exige um razoável grau de compreensão sobre a questão e, portanto, exige trabalho duro. Sugiro que leia este capítulo. Se você nunca tiver feito nada que desmotivou alguém de seu departamento e se o tivesse feito teria sido intencional, realmente não precisa continuar lendo este capítulo.

Acho que a probabilidade está a meu favor.

Não sei como ensinar ninguém a motivar os outros.

Motivação é uma coisa intrínseca, ou seja, é algo que vem de dentro do indivíduo e desmotivação é extrínseca, ou seja, vem do meio onde o indivíduo está inserido.

Já desmotivei muita gente.

Se você ainda não desmotivou ninguém é porque nunca teve um cargo com subordinados ou está sendo condescendente consigo mesmo.

Posso lhe ajudar a criar condições no ambiente de trabalho que reduzirão as chances de desmotivar as pessoas com quem convive. A vantagem de aprender a desmotivar pessoas reside no fato que talvez você já esteja fazendo isso sem que perceba ou entenda as consequências; logo, ao aprender, poderá decidir por não fazê-lo.

Procure se lembrar de seu primeiro dia de trabalho. Estava se sentindo motivado ou estava pensando em mudar de emprego? Salvo alguma exceção, que ainda não conheço, todos iniciam motivados num emprego. Têm esperança e vontade de acertar, de crescer, de aprender, de ser promovidos, de obter reconhecimento como bons profissionais, de progredir, de alcançar suas metas pessoais, de poder dizer que são pessoas de sucesso, etc.

O risco, infelizmente, é que esse grau de motivação vá se reduzindo com o passar do tempo. É necessário que algo ocorra, para que o indivíduo volte a sentir aquela mesma motivação do primeiro dia no novo trabalho.

Lembre-se de que os fatores que motivam as pessoas são de natureza diferente dos fatores que as desmotivam. Pode parecer óbvio, mas muita gente acha que eliminar um fator de desmotivação traria motivação. Algo mais ou menos como adicionar açúcar a um prato que está muito salgado, porque lhe ensinaram quando criança que doce é o oposto de salgado. Não tente!

A boa notícia é que você nunca precisará trabalhar na motivação de seu pessoal, simplesmente porque não há essa possibilidade. Então, pode escolher entre desmotivá-los ou trabalhar para não desmotivá-los, pois isso está ao seu alcance. Você poderá criar condições para que as pessoas mantenham seu nível de motivação ou até consigam descobrir outros fatores que as motivem.

Como Manter a sua Equipe Motivada

Aqui vão 21 sugestões para você aplicar se quiser manter sua equipe motivada.

DICA 1: Bônus

Nada mais ridículo do que uma empresa estabelecer um plano de bônus baseado em resultados e posteriormente ficar tentada a reduzir essa "despesa" (deveria ser considerado um investimento com retorno garantido), em vez de sentir prazer de pagar o bônus e usufruir dos ganhos.

Já passei por uma variação do mesmo tema, em que um chefe me ligou dizendo que apesar de eu ter atingido 90% das metas que havíamos negociado, ele decidira multiplicar meu resultado pelo porcentual médio da minha equipe, que era de 75%, assim, meu bônus seria baseado nesse "novo" valor, ou seja, 67,5%.

Qual sua opinião: a economia no meu bônus anual valeu a pena?

Seja íntegro. Não mude as regras do jogo durante o campeonato. Isso costuma ser um desastre no "moral da tropa".

DICA 2: Críticas

Não critique pessoas publicamente. Seja enfático em sua desaprovação às decisões ou ações de seu subordinado, porém escolha o momento e o local certos.

Quanto menos testemunhas, melhor!

DICA 3: Crédito

Se uma ideia for muito boa, divulgue-a, mas lembre-se de dar o crédito a quem merece.

Tomar o crédito por tudo de bom que ocorre em seu departamento não lhe ajudará a manter esse nível de performance.

Você já teve alguma ideia, levou-a ao seu líder e depois descobriu que ele repassou essa ideia para níveis superiores da organização "esquecendo-se" de dizer que não era dele?

Posso lhe garantir, com conhecimento de causa, que essa é uma das melhores maneiras para desmotivar alguém.

DICA 4: Informações

Existem profissionais (muitos, aliás) que acreditam na retenção de informações como forma de parecerem mais espertos ou competentes que seus subordinados ou colegas de um grupo de trabalho.

Além de desmotivar as pessoas, ficará cada dia mais difícil obter novas informações, pois ninguém confiará em você. Com razão!

DICA 5: Culpa

Nunca procure um culpado.

Não acredite na máxima: "Se algo saiu errado tem de existir um culpado".

As empresas são mais complexas do que se poderia esperar e raramente algo é consequência exclusiva da ação de um único indivíduo. Se você cometer uma injustiça, perderá sua credibilidade como líder por muito tempo.

Pergunte: "O que faremos na próxima vez para evitar esse tipo de problema?", pois assim você estaria assumindo parte da responsabilidade.

DICA 6: Crises

Não se esconda.

Não pense que estou sendo óbvio...

As crises vêm acompanhadas de riscos. Exponha-se, juntamente com as pessoas que eventualmente cometeram os erros que levaram à crise. Se você faz parte do grupo, isso também deve ser válido quando as coisas não dão certo.

Nunca assuma a postura "não tenho nada a ver com isso", principalmente se for o chefe.

DICA 7: Confiança

Nunca diga "as pessoas são o maior problema nas empresas" ou então "sonho com uma fábrica sem pessoas".

O que acha desta: "Se não fossem as pessoas, tudo funcionaria melhor"?

Se algo saiu errado, sua primeira alternativa é achar que foi sabotagem? Alguém intencionalmente está tentando lhe prejudicar?

Confie! Comece analisando os problemas pela coleta de dados concretos. O pior começo é insinuar que alguém fez isso deliberadamente.

DICA 8: Fatos

Espere até ter todos os fatos e dados para tomar decisões ou fazer juízos de valor.

Não seja intempestivo. Se algo sair errado, poderá dizer que não tinha todos os dados quando tomou a decisão?

Percebe como é mais seguro esperar até ter os dados em mãos?

DICA 9: Indiferença

Você usa 43 músculos da face para fazer uma cara carrancuda e apenas 17 músculos para sorrir. O mais impressionante é que você não usa nenhum músculo para fazer uma cara de indiferença. Preciso explicar?

Você tem empregada doméstica ou faxineira? Já chegou em casa e encontrou, por exemplo, uma taça de cristal lascada e perguntou a ela o que ocorreu?

Nessas horas você se depara com essa cara que as empregadas fazem em situações como a do exemplo anterior: É a cara de "zero músculos" (Tradução: "É melhor fingir que não é comigo").

Imagine a situação em que seu subordinado traga para você uma ideia que ele considere super interessante e você fizer a cara de "zero músculos"... Imagine ainda se dissesse: "– Mande-me essa sugestão por e-mail que analiso depois. Tenho algumas coisas importantes para resolver agora".

Ao fazer a tal cara "zero músculos", você está dizendo nas entrelinhas que a ideia dele é menos importante do que os assuntos que você tem para tratar agora e concluiu a façanha dizendo que a ideia dele não era importante.

DICA 10: Metas

Não estabeleça metas extremamente desafiadoras ou extremamente fáceis de serem atingidas. Em ambos os casos, o seu subordinado se sentirá tratado como um idiota.

A frustração é um primeiro passo para a desmotivação.

Se essa "técnica" já estiver sendo usada por você, pode piorar a situação e fazer um *upgrade* da técnica, chamada no mundo corporativo de *stretch goal*.

Stretch goal é nada mais nada menos que uma apertadinha extra. Imagine que seu subordinado é responsável pelos "saltos em altura" no departamento. No ano passado o departamento atingiu uma altura média de 1,9 metro. Numa das vezes, conseguiu "saltar" 2 metros. Você chama seu subordinado e diz que para o próximo ano precisa que o departamento "realize" uma média, digamos, de 2,2 metros. Sim, ele vai lhe explicar que isso é impossível, que você nem comprou o par de tênis, que ele lhe pediu, para saltar 1,95 metro em média, blábláblá. Negocie. Prometa o par de tênis. Digamos que cheguem ao consenso que 2,1 metros é uma meta atingível.

Imagine agora que você o chame de volta, alguns dias depois, e diga que a matriz não aceitou os 2,1 metros e que lhe pediram um *stretch goal* ("*Fala sério*", não parece algo "profissional"?). Diga que precisa melhorar a meta de 2,1 metros em pelo menos mais 5%. A nova meta será 2,21 metros (Arredonde sempre para cima).

Simples e eficaz para desmotivar!

Posso afirmar que não conseguirá nem os 1,95 metros.

DICA 11: Desempenho

Avaliações de desempenho são excelentes oportunidades para desmotivar pessoas. Exige "foco".

Lembre-se de que desempenho não se discute só na reunião semestral agendada pelo Departamento de Recursos Humanos. Procure dar *feedback* a seus funcionários nos intervalos das reuniões semestrais.

Não colecione uma série inquestionável de situações que explicarão claramente o motivo de sua insatisfação com o desempenho dele. Seu objetivo é melhorar o desempenho de seu subordinado e não convencê-lo das razões de sua insatisfação.

Uma avaliação semestral sem surpresas para você ou seu liderado é o melhor começo para não frustrar ninguém.

DICA 12: Incoerência

Não diga uma coisa e faça outra.

Divulgue um critério de trabalho que valoriza e no momento de aplicá-lo, não surpreenda as pessoas com um "desvio" do que divulgou.

Por exemplo, você pode dizer que busca comportamentos como "trabalho em equipe"; porém, lembre-se disso no momento de uma promoção ou aumento de mérito.

Dica 13: Frases vazias

Lembre-se do capítulo "vovô viu a uva". Aqui está uma variante interessante.

Não diga frases vazias que supostamente deveriam motivar as pessoas, mas que farão o inverso.

Envolva-se verdadeiramente com sua equipe em vez de utilizar frases de efeito e cair fora!

Exemplos de frases vazias:

"Tente pensar fora da caixa."

"Falhar não é uma opção."

"É hora de suar a camisa."

"Somos uma família, isso vai se resolver com ajuda mútua."

"Coragem, não vai desistir agora, vai?"

"Confio em você!"

Dica 14: Responsabilidade

Não transfira responsabilidade sem a correspondente autoridade.

Nada mais frustrante para alguém do que ser responsável por algo para o que não possui suficiente autoridade. Essa pessoa será alvo de chacotas dos colegas ao tentar impor-se em busca de resultados, sem a devida "cobertura" pela autoridade que você delegou.

Exigir responsabilidade sem a delegação de autoridade é muito produtivo no processo de desmotivação.

Dica 15: Decisões

Fuja da crença de que em geral as pessoas são incapazes de tomar decisões equilibradas e sensatas. Não centralize todas as decisões em você.

Você não terá tempo para isso; porém, ao se deparar com atrasos devidos à sua sobrecarga de trabalho, estará reforçando a sua crença de quão importante e necessário você é.

Seja um pouquinho menos pretensioso e desça do pedestal.

Dica 16: Prazos

Não estabeleça prazos inatingíveis.

Quanto maior a frequência com que comete esse erro, maior a sensação de frustração criada em seu subordinado.

A verdade é que, ao não atingir um prazo uma única vez, o sentimento de frustração não será suficiente para desmotivar alguém, pois ficará a sensação de que pode ocorrer com qualquer um.

A pessoa tem de falhar nos prazos inúmeras vezes até se convencer que talvez seja incapaz para tal função.

Não seja o agente dessa situação.

Dica 17: Desqualificação

Desqualificar ideias em público é muito eficaz para criar um ambiente de desmotivação para novas tentativas.

Não menospreze, ria ou faça piadas públicas com as ideias e sugestões da equipe. Tanto faz se a ideia é boa ou ruim, o efeito será equivalente.

Dica 18: Preferência

Escolher seus preferidos e mostrar isso claramente aos demais não ajuda na motivação de seu time.

Não escolha aqueles que podem errar um pouquinho mais do que os outros, podem chegar ao trabalho mais tarde, sair mais cedo, podem atrasar na entrega de algum projeto ou relatório, sem que sejam advertidos.

Dica 19: Tensão e medo

Crise é o tipo de situação em que alguns chefes decidem disseminar o terror. Não seja o "chefe terrorista", que nessas horas demonstra todo seu "poder".

Muito menos passe por cima das pessoas, ignore a hierarquia, desconfie de qualquer informação, verifique com os subordinados de seus liderados se a informação está correta, etc.

Você conseguirá aumentar a sensação de tensão e insegurança no ambiente de trabalho. Sua equipe sentirá medo de encontrar com você no corredor, se desmotivará, mas não há garantias de que uma crise seja resolvida por esse método.

Dica 20: Promessas

Seu chefe o chama e pergunta: "– Como está indo o Alfredo?"

Depois de discutirem a performance do seu liderado ele pergunta: "– Acha que ele está preparado para uma promoção?"

Tirar conclusões de uma conversa desse tipo e utilizar fora daquela sala pode ser um desastre.

Lembre-se de que era uma pergunta sobre Alfredo e não uma decisão sobre a carreira dele.

Prometer promoção, aumento de salário ou uma viagem internacional a um funcionário, antes de obter a aprovação formal da sua hierarquia costuma ser muito arriscado.

Criar muita expectativa e depois dar o "golpe de misericórdia", chamando-o para dizer que "os planos mudaram e..." (complete os pontinhos com uma frase de efeito).

Pela minha experiência, as situações mudam tão rapidamente nas empresas que não vale a pena arriscar.

Dica 21: Regras

Quanto mais regras **desnecessárias** a serem seguidas, pior...

Não crie um emaranhado de regras inúteis, que demonstrem que você não confia nas pessoas de sua equipe. Nem crie regras por causa da minoria. Exemplo: você não tem coragem de chamar a atenção de um único funcionário que chega sempre atrasado. Então, você decide, em uma reunião de equipe, dizer que não quer mais atrasos em sua área e ainda manda um e-mail para todos com essa determinação.

Pense naquele funcionário altamente comprometido e disciplinado recebendo este e-mail!

9 DIGA NÃO, DIGA SIM, DIGA O QUE PENSA!

"Há várias formas de doença nas quais a vítima é incapaz de dizer "Não". Algumas destas formas são mais graves que outras e, frequentemente, resultam em eletrocussão ou casamento..."

– Robert Benchley[1]

Neste capítulo você aprenderá:

- Como não entrar para a história como "engolidor de sapos".
- O que é assertividade.
- Como aprender a dizer o que pensa sem magoar os outros.
- Como se comunicar de modo a obter os melhores resultados.

Você já trabalhou com pessoas que parecem conseguir o que querem, ou precisam, de modo muito mais fácil e rápido que você?

Já sentiu que algumas pessoas conseguem ser sinceras sempre e mesmo assim não provocam reações defensivas nos outros?

Essas pessoas provavelmente estão utilizando a assertividade para se relacionar e atingir suas metas.

Assertividade é a habilidade de expressar desejos, necessidades e sentimentos de uma maneira direta, positiva e honesta e, ao mesmo tempo, considerar igualmente importantes os desejos e as necessidades dos outros.

As pessoas assertivas conseguem fazer isso sem ferir ou ultrapassar os direitos das outras pessoas e sem causar danos ao relacionamento.

Gosto da definição de Max Gehringer:

"O assertivo é alguém que não enrola, não inventa, não distorce e não diz uma vírgula além do necessário."

Há três maneiras de se relacionar com os outros: **passivamente**, **agressivamente** ou **assertivamente**.

Apesar de, em geral, usarmos as três maneiras de relacionamento, sempre haverá uma delas que se sobressai e melhor representa a sua forma de se relacionar.

As pessoas assertivas têm mais chance de obter sucesso no mundo corporativo. Afinal, ninguém gosta de ajudar pessoas agressivas, que até acabam arrebanhando uns inimigos. Já os passivos, geralmente não obtêm sucesso por não correrem riscos, não expor suas ideias e sentimentos e, principalmente, por não conseguirem dizer não.

Engolidores de Sapos

Os **engolidores de sapos** tendem a se desgastar muito para manter sua atitude passiva e com isso sofrem as consequências físicas e profissionais.

Não conseguem expressar suas ideias e, portanto, não se destacam no ambiente competitivo em que vivemos.

Acabam ficando estressados, pois não conseguem digerir todos os "sapos" que engolem no horário de trabalho e costumam levar uns "sapinhos" para tentar digerir em casa. Com isso, acabam misturando problemas profissionais com os pessoais e, invariavelmente, se sentem desmotivados e sem força suficiente para romper o ciclo negativo, acabando por criar problemas no ambiente familiar que poderiam ser evitados.

Os engolidores de sapos acabam assumindo uma postura de submissão a ponto de trabalhar pelos outros em detrimento de suas próprias tarefas. Ficam além do horário para fazer suas próprias tarefas, pois passaram o dia fazendo coisas para os outros por não terem tido a coragem de dizer não.

Como são incapazes de dizer não ou de expressar uma opinião divergente, desenvolvem uma habilidade de falar muito sem dizer nada. Costumo denominar essa técnica com o neologismo *"enrolatio"*.

O Que Separa os Agressivos dos Assertivos

A linha entre a assertividade e a agressividade é tênue...

As pessoas assertivas conseguem dizer de forma educada o que pensam, sem ferir os outros. Seu discurso é positivo. Dizem o que querem, de forma objetiva, porém sem agredir ninguém.

Os agressivos, muitas vezes, dizem o mesmo, porém, provocam danos ao relacionamento. Não se preocupam muito em medir suas palavras. Parece pouco, mas faz toda a diferença.

Agressividade resulta, na maioria das vezes, em reações também agressivas, do tipo "olho por olho".

Muitos confundem agressividade com violência. Na maioria das vezes, a agressividade não vem associada à violência e, por isso, muitos acham que estão sendo assertivos pelo simples fato de estarem sendo sinceros, quando, na verdade, estão sendo agressivos, pois a forma como dizem algo fere o outro. Sinceridade é uma das componentes da assertividade, mas não é a única.

A melhor forma de perceber se você está sendo assertivo é pela reação das pessoas. Se a reação ao que você diz for em geral agressiva, pare e reveja seus conceitos.

As pessoas assertivas não recebem respostas agressivas frequentemente.

Crenças

Nossas crenças sobre pessoas são baseadas em muito do que fazemos, dizemos e sentimos. O problema ocorre quando as crenças sobre nós mesmos são diferentes das crenças sobre as demais pessoas . A primeira condição para ser assertivo é que você é igual aos outros e, portanto, tem os mesmos direitos e oportunidades.

Para ser uma pessoa assertiva você deve cultivar crenças assertivas.

A seguir, veremos algumas crenças de pessoas agressivas, de passivas e de assertivas. Procure ler cada uma e ver se concorda com a afirmação. Marque cada crença com a qual você concorda e depois faça uma autoavaliação sobre seu perfil predominante atualmente.

A boa notícia é o termo 'atualmente' no parágrafo anterior. Sim, você pode mudar seu perfil! Isso exigirá disciplina e força de vontade, mas é possível.

Crenças das Pessoas Agressivas

As pessoas agressivas geralmente têm crenças muito coerentes com seu comportamento. Veja alguns exemplos de crenças dessas pessoas e marque aqueles que refletem como você se sente atualmente:

- Sinto-me sozinho. Minha equipe é incapaz de me ajudar no que é realmente importante.

- Estou rodeado de idiotas.

- As pessoas são incapazes de fazer o que preciso, a não ser que eu exija.

- Vivemos num mundo do "salve-se quem puder". Estão sempre tentando "puxar meu tapete".

- Penso primeiro em mim.

- Sou mais esperto e inteligente que a maioria das pessoas.

- Somente quem luta duramente pelo que quer, obtém o que merece. Se for guerra o que desejam, terão guerra.

- Pedir é um sinal de fraqueza. Prefiro mandar. Não quero parecer frágil.

- Gosto de usar a frase: *"Sabe com quem está falando?"* Isso coloca as pessoas em seu devido lugar.

- Gosto de usar a frase: *"Estou pagando!"*

- "Manda quem pode, obedece quem tem juízo." Uso sempre o meu cargo para conseguir o que quero.

Crenças das Pessoas Passivas

Em geral, as crenças das pessoas passivas se baseiam na hipótese que elas são diferentes das outras. Veja alguns exemplos de crenças dessas pessoas e marque aqueles que refletem como você se sente atualmente:

- Minhas opiniões não serão valorizadas. Então, para que expô-las?

- É mais seguro não dizer nada do que dizer o que penso.

- "Em boca fechada não entra mosquito."

- Minha opinião não pode ser melhor que a de alguém que ganha mais do que eu.

- Não gostam de mim.

- Não mereço que gostem de mim.

- Sinto-me culpado quando digo não.

- Engolir uns sapos faz parte do preço a pagar por este emprego.

- Preciso ser perfeito o tempo todo para continuar por aqui.

- Olhar diretamente nos olhos de meu interlocutor frequentemente me deixa incomodado.

- "Manda quem pode, obedece quem tem juízo." Tenho juízo.

Crenças das Pessoas Assertivas

Algumas crenças de pessoas assertivas. Veja alguns exemplos de crenças dessas pessoas e marque aqueles que refletem como você se sente atualmente:

- Expresso o que penso de uma forma positiva, educada e respeitosa, independentemente da posição social ou hierárquica de meu interlocutor.

- Sou igual aos outros e possuo os mesmos direitos que eles.

- Os outros são iguais a mim e têm os mesmos direitos que eu.

- Posso dizer **não**, quando isso for o que melhor expressa o que penso.

- As pessoas podem dizer **não** ao que peço, desde que expliquem os motivos.

- Sou responsável pelas minhas ações e reações para com os outros.

- Sou livre para pensar e tomar decisões por mim mesmo.

- Posso discordar da opinião dos outros, independente de sua posição social ou hierárquica.

- Entrar em acordo nem sempre é possível.

- Minha opinião tem o mesmo valor que a opinião dos outros.

- Se recebo uma orientação e estou confuso, peço esclarecimentos.

- Se preciso de ajuda para entender algo ou completar uma tarefa, eu solicito.

- Olho para os olhos das pessoas com que estou falando.

- Tenho o direito de dizer que não gostei da maneira como alguém se dirigiu a mim.

- Se algo ou a atitude de alguém está me incomodando, procuro a pessoa e converso abertamente sobre o assunto, sem agredi-la.

- Se alguém diz algo que me incomoda eu pergunto: *"Quando você disse aquilo, o que estava querendo dizer?"*.

Conclusão

Se a maioria das crenças que você marcou reflete um perfil mais agressivo ou passivo do que assertivo, comece a trabalhar nelas imediatamente.

Para mudar, o primeiro passo é reconhecer quais são suas verdadeiras crenças e depois trabalhar naquelas que estão lhe atrapalhando.

É muito difícil ser assertivo se suas crenças são contraditórias com a atitude que está tentando tomar.

Mudar uma crença pode ser muito difícil. Dependerá de quanto essa crença está impregnada em seu íntimo. Muitas vezes a repetição de atos e atitudes coerentes com a "nova" crença poderá ajudá-lo a fixá-la.

Comece pelas ações, confirme os ganhos pessoais que obterá pela nova atitude e chegue à nova crença naturalmente.

10 NÃO SE TORNE UM COIOTE

"A mais alta e mais baixa forma de crítica é de gênero autobiográfico."

– Oscar Wilde[1]

Neste capítulo você aprenderá:

- Como se livrar das armadilhas comuns dos planos de ação.

- Por que planos de ação que parecem muito bons costumam falhar.

O Coiote ainda não pegou o Papa-Léguas...

Não foi por falta de determinação ou empenho. Ele está tentando isso desde 1949, no desenho animado criado por Chuck Jones[2] para a Warner Bros.

Nós, os gestores, também agimos muitas vezes como coiotes.

Há, entretanto, algumas diferenças em relação ao infeliz animal dos desertos americanos.

Temos vários Papa-Léguas para caçar todos os dias e não apenas um. São nossos objetivos e metas. Nossos Papa-Léguas são de "espécies" variadas, por isso, não conseguimos aprender como caçar um com base no comportamento de outro.

No desenho animado, caso o Coiote conseguisse finalmente caçar o Papa-Léguas, a série terminaria. Ao contrário, para nós o show se encerra se não pegarmos alguns Papa-Léguas de vez em quando.

Assim como o Coiote, escolhemos em geral o caminho do "plano de ações" para conseguir nosso intento. Até contratamos pessoas que implementarão as ações, pois temos muitos "bichos" para caçar todos os dias. Criamos, então, sistemas de controle desses planos, para ver se estamos chegando perto de alguns...

Mas afinal, o que faz com que o Coiote falhe tanto?

O primeiro motivo de tantas falhas é que ele tem a mania de trocar radicalmente de plano, toda vez que falha, sem antes analisar o que deu errado. Por que o Coiote não analisa a falha no plano executado e tenta saná-la em vez de mudar tudo o tempo todo? Algumas empresas, assim como ele, preferem mudar, ajustar, corrigir, sanar. Creio que os verbos mudar, corrigir, ajustar, sanar trazem certo "conforto", uma sensação de que "estamos agindo". Assim, se não atingirmos a meta, pelo menos mostraremos nosso suor e um pouquinho de sangue escorrendo... O verbo "analisar" traz, intrinsecamente, o significado de "parada". Procure lutar contra esses sentimentos e faça o que é correto.

Nada contra mudanças, mas é preciso dar um tempo para que as pessoas consigam assimilar uma nova situação, antes de mudar de novo. Muitas outras empresas preferem mudar as pessoas mesmo, como se isso fosse resolver seus problemas.

Outro motivo é que o Coiote é teimoso. Tem um péssimo fornecedor (ACME). Seus artefatos falham sistematicamente e ele continua tentando com o mesmo fornecedor. Já viu isso antes? Se sua empresa tenta obter resultados diferentes dos que obteve no passado, repetindo os processos anteriores, o que acha que ocorrerá?

Sejamos sinceros, o Coiote falha porque faz parte do roteiro. Ele tem que falhar. É o mundo do entretenimento. O desenho foi estruturado para mostrar toda a estupidez e insensatez do Coiote.

O pior é que criamos muitas vezes um "mundo do entretenimento" nas corporações. Vivemos de acordo com um *script*. O Coiote não pode questionar o *script*, mas você pode!

Quantas vezes você entrou numa sala de reuniões e parecia "adivinhar" o que iria acontecer? Você sabia que o "problema" seria tratado como algo tão inatingível, que todos procuravam se proteger, criando um mundo surreal. Quantas vezes passou horas discutindo o que deveria ser feito e na próxima reunião tudo começava da estaca zero, como se todos tivessem se esquecido daquilo que se propuseram a fazer?

Por exemplo, os planos de ações são muitas vezes tratados com mais importância do que os resultados que geram.

118 Fui Promovido! E Agora?

Os gestores medem o percentual de ações realizadas, o percentual de ações executadas dentro do prazo estabelecido e deixam para um segundo plano os efeitos reais dessas ações, os resultados. Isso não é surreal? Quer outro exemplo?

As empresas são auditadas em seus sistemas da qualidade por organizações independentes e invariavelmente caras. O auditor pede para ver os objetivos estabelecidos para a melhoria da qualidade, pede os planos de ações e as atas das reuniões. Quer conferir se o gestor de primeira linha participa de algumas dessas reuniões por ano. E quanto aos resultados? Não perguntam. Auditam o sistema. Se os planos são bons ou se os "Coiotes" de tal empresa são tão estúpidos quanto o personagem do desenho animado, não interessa naquela conjuntura.

Com isso, para os incautos, fica aquela sensação de que o que vale é repetir as cenas anteriores, mudando no máximo o cenário e o figurino. Não acredite nisso.

Não sou contra planos de ações; eles devem existir; porém, a razão de existirem é atingirmos objetivos e metas, e não criar documentação para acalmar o chefe ou garantir alguns pontinhos a mais na próxima auditoria.

O pobre Coiote nunca vencerá o Papa-Léguas.

Você não quer esse papel para sua vida profissional, quer?

Então, em vez de se solidarizar com o infeliz animal, cujo futuro foi escrito por um roteirista, escreva seu próprio roteiro. Faça suas próprias escolhas!

Cobre de você mesmo e de sua equipe o que realmente faz sentido – **o resultado**. Não se torne um Coiote.

11 DEMITIR OU "PASSAR O FACÃO"?

"... afinal, quase todos os fracassos são, na verdade, derrotas temporárias."

– Autor desconhecido

Neste capítulo você aprenderá:

- O que realmente importa ao demitir pessoas.

- Qual seu papel no momento da demissão de um liderado.

- O que deve levar em consideração para não errar no momento da demissão.

Demitir é difícil!

Considero a demissão uma das tarefas mais penosas para um gestor. Desde o processo de decisão até o momento da comunicação formal ao demitido.

Não há escapatória. Um dia todo gestor se verá frente a essa situação. É melhor se preparar, não acha?

O processo de demissão é talvez mais importante do que o processo de contratação. Digo isso porque quando você contrata alguém, as consequências dessa decisão recairão sobre você mesmo e sobre a empresa, e mesmo assim você ainda poderá substituir essa pessoa.

No processo de demissão são envolvidas potencialmente muito mais pessoas do que numa contratação. Os interessados passam a ser todos os que conhecem o demitido, seja por terem opiniões sobre o mérito e a forma da demissão, seja por se sentirem solidários com o demitido, seja por acharem que ocuparão a vaga deixada.

Dependendo da forma como você demitir alguém, as consequências advindas desse processo poderão ser muito piores do que as eventuais vantagens da demissão. Melhor então se o processo de demissão for tratado com o cuidado e profissionalismo que requer.

A primeira "regra de ouro" nas demissões é sempre assumir a decisão pela demissão. Não é o departamento de RH que demite, é você. Não é a empresa que decidiu, foi você!

Já vi muitos especialistas sugerindo que se o gestor não estiver bem preparado, o RH deveria assumir o papel de comunicar as demissões. Não concordo. Isso cria gerentes incompletos. Se achar que não consegue demitir alguém de forma correta, não está preparado para crescer na organização.

Por outro lado, uma demissão é um processo também burocrático e formal. Nunca dispense a ajuda do Departamento de Recursos Humanos para as questões formais, como documentação, explicação dos cálculos rescisórios, etc. Isso é muito diferente de transferir a sua responsabilidade.

Nem toda demissão é igual, logo, as diferentes demissões devem receber tratamentos diferenciados. Vamos separar as demissões em três categorias básicas:

- demissões motivadas por falha grave, passíveis de justa causa;

- demissões motivadas por redução do efetivo, portanto, *não* relacionadas ao desempenho do funcionário;

- demissões motivadas por desempenho insuficiente para os padrões estabelecidos por você ou pela empresa.

Como Proceder em cada uma das Três Categorias de Demissões

Demissões motivadas por falha grave

Não hesite em demitir um funcionário que cometeu uma falha grave. Quanto mais tempo demorar entre a descoberta do fato e a demissão, maior o risco para a empresa. Afinal, você não quer que pensem que você está titubeando ou sendo conivente... Esqueça se a pessoa faz algo para o qual não há substituto preparado, afinal, esta é uma falha sua!

Se sua decisão for por uma demissão sem justa causa, porque prefere não explicitar o motivo da demissão, não a explique. Porém, se tiver prova de ato relevante, prejudicial à empresa, não se omita escondendo-se atrás de uma demissão sem justa causa. Isso pode ser confortável para você, mas, para sua equipe, se esta tiver conhecimento dos fatos, trará sérios prejuízos e poderá ser interpretado como um estímulo ao erro e como tolerância com a falta de compromisso.

Não deixe transparecer a sua indignação, nem levante o tom de voz. Seja assertivo. Seja breve nesse tipo de demissão e faça-o sempre com duas testemunhas, caso a pessoa se oponha a assinar a demissão.

As demissões por justa causa deveriam sempre ser informadas e explicadas à equipe à qual o indivíduo pertencia, após a demissão. É justo com a equipe e reduz a insegurança dos membros da equipe. Além disso, a informação diminui o nível de especulação e de boatos.

Não demita por justa causa se não tiver prova dos fatos. Se o fizer, você poderá criar um grande passivo contra a empresa, por possível reclamação trabalhista para descaracterizar a justa causa e por "danos morais". Constitua prova para demitir por justa causa.

Se o motivo da demissão for furto, roubo, apropriação indébita ou falsificação e, estando cabalmente provado, não hesite, sem estardalhaço, em recomendar, ao departamento jurídico, medidas na esfera civil (ressarcimento de danos, por exemplo) e na esfera criminal.

Demissões por redução do efetivo

Não há situação mais constrangedora para um gestor ou uma empresa do que reduzir o efetivo. Isso representa de certo modo um fracasso da equipe gerencial por não conseguir encontrar alternativas. Sugiro que tenha absoluta certeza de que não há alternativa, pois as pessoas envolvidas no processo não têm, em princípio, nenhuma responsabilidade sobre o que motivou sua demissão.

Os funcionários do chão de fábrica usam a expressão "passar o facão" para expressar o processo de redução de efetivo, em que as demissões são causadas por fatores não associados ao desempenho das pessoas. Acredito que o termo *"facão"* seja associado à figura da morte e sua foice.

Quanto mais imparcial e justa for a decisão sobre quem fica e quem sai, melhor para a empresa no futuro. É preciso haver algum critério e que o mesmo seja defensável até para você mesmo e para sua consciência.

Não há explicação possível do ponto de vista do demitido que justifique tal infortúnio. O que pode e deve ser feito é buscar a minimização do dano aos demitidos, como ajuda na recolocação, ajuda temporária para assistência médica, etc.

Esse tipo de processo é doloroso e deveria durar pouco. Estender o processo de redução de efetivo por semanas ou meses é uma crueldade desnecessária. Informar quando o processo foi concluído pode aliviar muito o estresse dos que ficaram.

Aja com dignidade e solidariedade nesse tipo de demissão. Trate os demitidos tal como você esperaria ser tratado se fosse a sua vez de "passar pelo facão".

Demissões por desempenho insuficiente

O maior erro cometido por gestores é surpreender alguém com uma demissão por mau desempenho.

Você gostaria de ser surpreendido pelo seu chefe demitindo-o porque sua performance está abaixo do que ele considera o mínimo, se ele nunca tivesse lhe sinalizado isso?

Considero, nesses casos, que ambos – o demitido e o gestor – tiveram péssimo desempenho.

Cabe a você como gestor tentar preservar a todos os funcionários; porém, se algum deles apresentar uma performance abaixo do aceitável, deveria ser informado disso e você deveria estabelecer um plano de ações junto com ele. Esse plano deve ser claro, objetivo e ter prazos bem definidos para as avaliações da evolução.

Muitas vezes, um funcionário com desempenho ruim numa função passa a ser um funcionário excelente em outra. Ele simplesmente está no lugar errado! Cabe ao gestor entender o que está ocorrendo e, se possível, criar condições para que o desempenho melhore.

Se, após todo o processo de tentativa de recuperação, a sua decisão ainda for por demitir o funcionário, deverá fazê-lo de forma a preservar a autoestima dele, afinal, o funcionário precisará dela para buscar uma nova colocação no mercado de trabalho.

Não use seus últimos dez minutos como líder dessa pessoa para "detonar" sua autoconfiança e autoestima. Isso não significa que você deve despejar um "caminhão de elogios" sobre a pessoa, mas se for sincero e assertivo com ela quanto aos pontos em que ela deve melhorar em um próximo emprego, já estará cumprindo sua missão final como líder.

Lembre-se de que esta pessoa deverá explicar à família, ainda neste dia, que fracassou. Não se engane! Todos recebem a notícia da demissão como um atestado de fracasso. Não estou advogando que isso seja verdade, mas o sentimento para o demitido é esse.

Informe aos colegas a demissão, sem desqualificar o funcionário, porém , não tente minimizar o fato com frases ridículas do tipo: *Ele está saindo para buscar novos desafios...* Isso só vai mostrar que você não tem coragem de assumir suas decisões. O que é péssimo para quem pretende ser um líder.

Fatos Comuns a Todas as Demissões

Lembre-se de que alguns fatos são comuns a todos os processos de demissão. Por exemplo:

- Você demite sempre um ser humano. Não importa o quanto sua decisão seja acertada, do outro lado da mesa você sempre terá um ser humano. Respeite-o até o fim.

- Você demite hoje, mas poderá ser demitido amanhã. Tente fazê-lo como se estivesse demitindo a si mesmo. Isso garante que você trate o indivíduo à sua frente como gostaria de ser tratado.

- Não há como prever a reação do demitido até que você lhe dê a notícia. Prepare-se para todas as alternativas.

- Não há demissão sem emoção. Você deveria ser o mais preparado dos dois para administrar as emoções.

Finalmente, a pergunta que vale "**1 milhão**":

Eu poderia ter feito algo para evitar essa demissão?

Procure sempre colocar a cabeça no travesseiro à noite sem temer o peso da consciência.

12 ESTÁ COMPLICADO!

"Não é que eu seja mais esperto; é que eu fico com os problemas por mais tempo."

– Albert Einstein

Neste capítulo você aprenderá:

- O que deve fazer quando as coisas estão muito complicadas.

- O que é o KISS.

- O que é a navalha de Occam.

- O que são os Criados de Kipling.

Durante meu curso de engenharia, as provas mais difíceis eram sempre aquelas que tinham mais dados do que o necessário para resolver as questões. Eram também as que mais se aproximavam do mundo real.

Muitas vezes, nos deparamos com situações em que nos sentimos presos num emaranhado de dados e informações que mais atrapalham do que ajudam a resolver alguma situação.

Evidentemente, todas as ferramentas da qualidade existem para resolver problemas, assim, não descarte o diagrama de afinidades, o diagrama de Ishikawa, os fundamentos do pensamento estatístico, as lições de Deming, os fluxogramas, as cartas de controle, etc.

Se com tudo isso, você ainda continuar achando tudo muito complicado, tenho mais algumas sugestões: o KISS, a Navalha de Occam e os Seis Criados de Kipling.

KISS

O termo KISS é muito usado no desenvolvimento de softwares e significa *"Keep it simple, stupid!"*. Apesar do tom agressivo, o conceito da simplicidade sempre trouxe sucesso a quem o usou no mundo digital.

Na verdade, a simplicidade é divina e deveria sempre ser a melhor opção no mundo corporativo.

O acrônimo KISS é na verdade o conceito que mais se aproxima daquele conhecido como "navalha de Occam".

Navalha de Occam

No século XIV, um frade franciscano chamado William de Ockham (o nome foi alterado para Occam para se aproximar da forma como era pronunciado) usou sistematicamente um princípio lógico que acabou recebendo seu nome. Esse princípio afirma que se houver várias premissas para explicar um fenômeno, deveríamos eliminar todas as que não trariam alguma diferença significativa à hipótese.

Esse princípio é também chamado de Lei da Parcimônia oriunda do enunciado:

Entia non sunt multiplicanda praeter necessitatem

que, em português, seria traduzido como:

As entidades não devem ser multiplicadas além da necessidade.

– Bom, mas o que isso tem a ver com minha carreira?

Minha resposta é simples: se você for capaz de tomar decisões mais rápidas e reduzir suas chances de erro quando enfrentar problemas, atingirá os objetivos de modo melhor e antes dos seus concorrentes. Parece bom para sua carreira, não?

Veja esse princípio da seguinte forma:

Se há várias explicações para um mesmo fato, em geral, a mais simples é a melhor.

Ou ainda:

Sendo todo o resto igual, a explicação mais simples é a melhor.

É também atribuída a Ockham a frase:

"É improfícuo fazer-se com mais o que pode ser feito com menos."

Esse conceito permite que você elimine rapidamente todas as hipóteses com baixa probabilidade de explicarem o que está ocorrendo. Ao fazer isso, você fica com muito menos variáveis para analisar. Seria melhor chamar esse princípio de **Lei do bom senso aplicada ao mundo corporativo**.

Assim como um bom remédio, recomenda-se o seu uso com moderação, pois uma overdose pode levar a efeitos colaterais graves. No caso de problemas complexos ou melhoria de sistemas, a abordagem holística seria mais recomendada, uma vez que os subprocessos poderiam interagir e uma abordagem em apenas um subsistema poderia ser inadequada.

Os Seis Criados de Kipling

Joseph Rudyard Kipling[1] foi um escritor e poeta britânico, nascido em Bombaim em 1865. Recebeu o premio Nobel de literatura em 1907. Kipling escreveu um poema em que dizia:

"Tenho comigo seis servos leais
(que me ensinaram tudo que aprendi);
Os seus nomes são: O que, Por que e Quando,
Como, Onde e Quem."

Talvez Kipling tenha sido o idealizador do plano de ação 5W1H.

A questão básica a ser enfrentada sempre que quiser resolver um problema é encontrar a sua 'raiz' ou, em outras palavras, as causas fundamentais do problema. Para isso, escolha se prefere aprender com Kipling e seus criados ou com os japoneses e seu plano 5W1H. São caminhos que conduzem ao mesmo destino.

Kliping também disse:

"Princípios são princípios, nem que o sangue
tenha de correr pelas ruas! "

Lembre-se, qualquer que seja a situação que estiver enfrentando, respeite seus princípios e valores e os princípios e valores da empresa. Nunca se deixe tentar pelo caminho de menor custo se isso comprometer esses princípios.

Conclusão

Se você mantiver as coisas de modo simples, principalmente seu raciocínio, chegará mais rápido à solução de um problema.

Aprendi que a parte mais difícil de um problema é sempre conseguir o enunciado correto.

Como disse Billy Graham:[2]

"Cabeças quentes e corações frios nunca resolveram nada."

13 UM POR MIM, TODOS POR MIM!

"Tenha a coragem de dizer não. Tenha a coragem de encarar a verdade. Faça a coisa certa porque é correto. Estas são as chaves mágicas para viver sua vida com integridade."

– W. Clement Stone[1]

Neste capítulo você aprenderá que:

- Não basta parecer ético, você deve ser ético.

- Não basta parecer íntegro, você deve ser íntegro.

Assim como não dá para imaginar uma garota "meio grávida", não acredite em alguém "meio ético" ou "meio íntegro".

"A relatividade se aplica à física, não à ética."
– Albert Einstein

Eu, pretensiosamente, acrescentaria à frase de Einstein: *tampouco à integridade.*

Vivemos numa época em que os direitos são mais valorizados do que os deveres, a carreira frequentemente se contrapõe aos valores pessoais, as realizações são menos importantes do que a imagem.

Neste contexto, fica cada dia mais difícil estabelecer os parâmetros éticos que deveriam nortear tanto o comportamento individual quanto o das próprias organizações.

Permita-me ser sincero: infelizmente, você encontrará muitas pessoas de mau caráter em seu percurso. E essas pessoas não têm escrúpulos, não são éticas e muito menos íntegras e fazem qualquer coisa para obter vantagens pessoais. Não hesitam em crescer à custa dos outros e se apropriar das ideias e realizações alheias e "vendê-las" como se fossem suas. Torça para não encontrar um chefe assim; porém, se isso ocorrer, mude de departamento ou de empresa o mais rápido possível. Enquanto não mudar, mantenha-se fiel aos seus valores éticos e morais.

Só posso transmitir minha experiência aos de boa índole, os que querem se aprimorar, mas possuem um sólido alicerce moral. Caso contrário, seria como tentar construir uma casa sem alicerce sobre um pântano.

Integridade no Trabalho

O dicionário Aurélio assim define a palavra *íntegro*: "reto, imparcial, inatacável".

Acredito que isso seja mais do que suficiente para exprimir o conceito, entretanto, gostaria de "traduzir" essa definição para a linguagem do mundo corporativo.

Se quiser ser reconhecido como íntegro, você deve:

■ Cumprir todas as leis, normas, regulamentos e políticas aplicáveis à empresa e aos negócios em que estiver atuando.

■ Conduzir todas as suas ações com honestidade e justiça.

■ Respeitar os direitos de todos com que se relaciona.

■ Tratar as pessoas da empresa com igualdade de oportunidades.

■ Nunca buscar vantagens pessoais em detrimento da empresa ou de outros.

■ Dizer a verdade sempre, principalmente a você mesmo.

■ Fazer o que diz e dizer o que faz, sem constrangimento.

Se, em determinada situação, você tiver dúvida sobre uma decisão que precisa tomar, sugiro uma maneira simples de autoavaliação. Pergunte-se:

"Se eu fosse informado da mesma decisão que tomarei, sentiria que tal decisão foi tomada com senso de justiça, mesmo que discordasse dela?"

"Eu me sentiria constrangido em explicar a mim mesmo tal decisão?"

Outra definição prática de integridade é:

Fazer a coisa certa, mesmo que ninguém esteja olhando.

Algumas pessoas confundem integridade com honestidade, mas, na verdade, são duas coisas diferentes. Como disse Spencer Johnson, autor de *Quem mexeu no meu queijo?*:

"Integridade é dizer a mim mesmo a verdade. Honestidade é dizer a verdade aos outros."

Ética no trabalho

Tão importante quanto a integridade é a ética no trabalho.

A condição fundamental para alguém apresentar um comportamento ético é compartilhar os mesmos valores da sociedade em que vive. Sem valores ou com valores diferentes daqueles que avaliarão suas decisões não é possível o reconhecimento.

Não existem canalhas éticos. No entanto, esses velhacos acreditam que os outros não perceberão seus desvios de conduta ou tentarão comprar o silêncio de subordinados com seus cargos. Não seja conivente.

A palavra *ética* é definida da seguinte maneira pelo dicionário Aurélio:

"Ética é o estudo dos juízos de apreciação referentes à conduta humana suscetível de qualificação do ponto de vista do bem e do mal, seja relativamente a determinada sociedade, seja de modo absoluto."

Perceba a sutileza da definição, onde a "qualificação" das condutas humanas se dá com base numa determinada sociedade. O que é considerado ético para uma sociedade pode não sê-lo para outra. O que é ético se traduziria como "o bem" e o que não é se traduziria como "o mal".

Se suas ações, decisões e conduta pessoal estiverem causando o bem, sem prejudicar os outros, certamente você estará agindo eticamente. Lembre-se de avaliar todos os envolvidos nas suas decisões; principalmente seus pares, subordinados, clientes e empresa em que atua.

"Pelos princípios legais, um homem é culpado quando viola os direitos dos outros. Pela ética, um homem é culpado quando apenas pensa em fazê-lo."

– Immanuel Kant[2]

O poeta Ralph Waldo Emerson não deveria estar pensando nas incoerências do mundo corporativo quando escreveu: *"Um pouco de integridade é melhor do que qualquer carreira"*. Entretanto, se fosse um dos gurus da Administração Moderna não teria feito melhor.

Na dúvida, escolha o lado do bem.

14 GERENCIANDO SEU CHEFE

"Se suas ações inspiram os outros a sonhar mais, aprender mais, fazer mais e se tornar algo mais, você é um líder."

– John Quincy Adams[1]

Neste capítulo você aprenderá:

- Por que você deve gerenciar seu chefe.

- Como gerenciar seu chefe.

Não estou brincando quando digo que você precisa gerenciar seu chefe.

Essa questão do gerenciamento do chefe foi abordada primeiramente pela revista *Harvard Business Review*, em 1980, por John J. Gabarro[2] e John P. Kotter[3] em um artigo denominado *"Managing Your Boss"*.

Gerenciar o seu chefe seria algo como descobrir a melhor maneira de se comunicar e a maneira mais eficaz de interagir com ele, para o benefício mútuo de suas carreiras.

Não basta fazer seu trabalho bem feito, isso tem de ser visto e reconhecido por quem o avalia e pelos diversos níveis organizacionais de sua empresa.

Comunicar o que se faz é tão importante quanto fazê-lo! Mas lembre-se:

O sucesso não virá apenas de sua capacidade de comunicação, você tem de gerenciar sua carreira e seu chefe também.

Afinal, o Que É Gerenciar o Chefe?

Acredito que praticamente todos os autores sobre o assunto concordam quanto ao que **não é**:

Não é *manipular* seu chefe.

Não é *bajular* seu chefe.

Não é *conseguir vantagens pessoais de maneira escusa.*

Nos dias atuais os chefes estão muito mais sobrecarregados do que jamais estiveram. Eles precisam tratar de inúmeros assuntos de naturezas diferentes, simultaneamente, além de ter um número de subordinados, algumas vezes, superior ao que seria recomendado.

É muito difícil que os chefes dominem todos os temas sob sua responsabilidade, tampouco consigam tomar todas as decisões nas áreas sob sua responsabilidade, por isso, eles dependem mais de seus liderados do que no passado.

Os melhores chefes atuais são os que conseguem se tornar líderes de seus times. Devem conseguir obter o melhor de cada membro de sua equipe sem necessariamente dominar cada especialidade. Devem alinhar as ações de cada um às metas globais do departamento e, por consequência, da empresa.

Você é apenas mais um dos subordinados de seu chefe. Lembre-se de que seu chefe também tem um chefe, mesmo que seja o conselho de administração da empresa ou o acionista.

Assim, não lhe parece prudente que você se preocupe com o processo de comunicação com ele, uma vez que não está garantido que ele poderá fazer isso sem sua ajuda?

> *"Sempre descobri que a velocidade do chefe é a velocidade do time."*
>
> *— Lee Iacocca[4]*

Como Fazer Isso?

Minha sugestão é que você tente responder três perguntas fundamentais sobre seu chefe, sob o ponto de vista profissional:

- O que seu chefe precisa?

- O que seu chefe quer?

- O que seu chefe gosta?

Você viveria num paraíso se as três respostas fossem iguais. Pela minha experiência, esqueça essa possibilidade.

Vejamos o que cada questão significa, como respondê-las e como elas poderão lhe ajudar.

O que seu chefe precisa?

Não caia na tentação de perguntar a ele!

As reais necessidades de seu chefe podem não ser aquelas que ele expressa, mesmo porque talvez ele não queira, possa ou saiba.

Sua difícil missão é descobrir os fatores de sucesso para seu chefe. O que realmente traria reconhecimento e sucesso ao seu chefe? Compreenda que o sucesso de seu chefe quase sempre estará ligado ao sucesso da empresa.

Analise os fatores de sucesso para a empresa, sua missão, sua visão de futuro, sua estratégia, seus objetivos e metas de médio e longo prazo e tente desdobrar isso para o nível de atribuição de seu chefe.

Uma de suas missões como liderado é ajudar seu chefe a crescer na organização. Tire-o de sua frente, empurre-o "para cima", se puder. Isso abrirá espaço para você crescer também.

Ao listar o que ele precisa, compare com suas habilidades e experiência pessoal e ofereça ajuda, ou melhor, apresente sua contribuição já efetuada.

Não pergunte se você pode ajudar, pois sempre poderá. Não leve problema, mas a solução pronta.

O que seu chefe quer?

É muito fácil descobrir o que seu chefe quer, pois normalmente ele diz...

Você deve listar o que já sabe que o seu chefe quer, em categorias. Sugiro apenas duas:

a. Ele quer e precisa.
b. Ele quer e não precisa.

Para a categoria "a" não há discussão. Ajude-o a conseguir atingir suas metas. Para a categoria "b", há pelo menos duas subcategorias, que são:

b.1. O que ele está lhe pedindo só vai gerar perda de tempo e energia. Não colocará a empresa em nenhum grande risco, mas também não a ajudará muito.
b.2. Ele quer algo que poderá trazer algum prejuízo para a empresa ou colocá-la em um risco desnecessário.

Não estou sugerindo que seu chefe seja despreparado, apenas que você pode, em determinadas situações, ter informações ou conhecimento mais adequados do que os dele. Antes de desenvolver um sentimento de frustração por seu chefe, tente entender que ele tem tantas atribuições que é impossível ser "perfeito".

Para a subcategoria **b.1** você deve conversar abertamente com seu chefe. Essa discussão deveria ser "leve", sem estresse. Mostre-lhe o que concluiu. Se não houver consenso entre vocês, faça o que ele quer.

Acha estranha essa sugestão?

Afinal, o que custa dar um pouco do que seu chefe quer? Ele é humano e tem o direito de querer coisas que não serão o tempo todo alinhadas perfeitamente com a estratégia da empresa. Este não é um capítulo sobre como aumentar os conflitos entre você e seu chefe. Você está tentando fazer o melhor possível para você, seu chefe e para a empresa, portanto, não se desgaste se realmente não valer a pena. Escolha as batalhas que quer lutar. Essa batalha certamente não compensa.

Acho que você mesmo consegue entender o que fazer com a subcategoria **b.2**, mas aqui vai minha sugestão:

Discuta claramente com seu chefe, mostre-lhe seus argumentos e *ouça os dele*!

Depois de ouvi-lo, peça esclarecimentos ou informações complementares que lhe ajudem a entender melhor os seus argumentos, ou seja, *ouça mais uma vez*!

Parta do princípio de que sua conclusão pode estar distorcida ou incorreta, pois seu chefe tem informações que você pode não ter. Deixe seu ego de lado, se este for o caso. No mínimo, ele reconhecerá sua capacidade de retroceder quando percebe que está equivocado.

Caso ainda acredite em sua análise inicial, procure uma solução de consenso ou se entender que o clima "esquentou", peça para pensar mais no assunto e volte outra hora. Saiba a hora de parar.

Voltou ou decidiu continuar a conversa, então diga o que está vendo, de forma diferente do que você tentou na primeira vez. Garanta que ele compreendeu sua visão do assunto. Não tente competir com seu chefe. Sua missão é a mesma que a dele: fazer o melhor para a organização na qual ambos trabalham. Tente o consenso, parece repetitivo, mas o processo é iterativo.

Nem sempre dá certo, mas cada vez que conseguir um consenso estará melhorando as chances de sucesso da empresa, de seu chefe e as suas.

Compreende agora o sentido de gerenciar o chefe?

Você pode mudar a forma como seu chefe vê as coisas e também mudar suas decisões sem recorrer à manipulação ou outros métodos escusos. Se você fizer isso com o propósito positivo e ético de ajudar a empresa a chegar mais perto de suas metas estratégicas, certamente também estará se ajudando.

Se não conseguir o consenso, mantenha-se íntegro, *faça o que seu chefe quer ou saia da empresa*. Respeite a hierarquia.

A pior escolha seria a falta de comprometimento com sua liderança. Conhece pessoas que balançam a cabeça afirmativamente numa sala de reuniões e depois ficam pelos corredores criticando as decisões do chefe? Esses não merecem uma carreira de sucesso!

Do que seu chefe gosta?

Se pensou em chocolate, não é bem por aí!

A questão refere-se à preferência na forma de comunicação e ao estilo gerencial.

Seu chefe gosta de comunicação verbal ou escrita; de informações detalhadas ou concisas; de dados numéricos, gráficos ou ambos?

Quando lhe pergunta algo, ele quer uma resposta objetiva e se achar necessário lhe pedirá explicações ou prefere que você contextualize e lhe forneça detalhes antes de chegar à conclusão?

Seu chefe prefere comunicação tipo "olho no olho" ou prefere receber um e-mail ou uma ligação?

Ele é do tipo que marca reuniões para tudo ou pode lhe parar no café e perguntar sobre um projeto qualquer?

Ele valoriza a iniciativa e aprecia quando você reporta um resultado de algo que ele não pediu, mas você aproveitou uma oportunidade e foi proativo ou prefere que você o consulte antes de investir seu tempo em algo que considera bom?

Eu poderia continuar com uma lista enorme de preferências, mas acredito que esses exemplos sejam suficientes para você entender o significado de "gostar".

Percebe agora como é importante para sua comunicação eficaz que conheça as preferências dele?

Agora responda: – Qual dos dois teria mais facilidade de mudar?

Não é questão de flexibilidade. Se seu chefe tiver, por exemplo, sete ou oito subordinados, muitos com preferências e estilos diferentes, acha que ele conseguiria facilmente adaptar seu estilo de comunicação a cada um? Seu chefe também tem um chefe, lembra? Ele também deve se adaptar às preferências de sua própria liderança. É muito mais fácil que você se adapte às preferências de seu chefe e garanta que pelo menos quanto à comunicação não estará devendo nada.

Cacareje e Apareça!

Uma questão negligenciada por excelentes profissionais é o seu marketing pessoal. Invista uma parte de seu tempo nisso.

Como criar essa imagem positiva? Pense em si mesmo como um produto a ser comercializado.

Assim como as galinhas avisam quando colocam o ovo, você também precisará "cacarejar". Como se diz no mundo corporativo, essa talvez seja a razão do sucesso comercial dos ovos de galinha em relação aos de pata. As patas não fazem "marketing" quanto botam seus ovos.

Antes de "cacarejar", vamos pensar na "embalagem do produto".

Dificilmente um cliente voltaria para comprar um produto que não atendeu as suas expectativas. Do mesmo modo, provavelmente seu chefe preferirá os liderados que cumprem o que a "embalagem" promete.

Vamos agora pensar no conteúdo da embalagem. O cliente deveria perceber valor quando olha para o seu produto e não para o produto do concorrente. Então, imagine se não seria desejável que seu chefe reconhecesse valor ao olhar para você.

Seu chefe quer um "produto" que resolva os problemas dele. Mostre-lhe que consegue sistematicamente reduzir sua lista de preocupações. Você tem de ser lembrado como alguém em quem ele confia para reduzir o número de problemas que enfrenta.

Não transfira suas preocupações e problemas para seu chefe! Bom para sua imagem, não acha?

"Cacarejar" é fácil, portanto, se "botar um ovo", avise.

Lembre-se de celebrar os seus sucessos e os de sua equipe. Inclua seu chefe nessa lista da celebração.

Sempre há alguma notícia boa. Mande um e-mail sobre uma quebra de recorde de vendas ou de produção; a conquista de um novo cliente; a conclusão de um projeto ou de uma etapa importante de um projeto; um reconhecimento formal de um cliente aos serviços ou produtos da empresa etc.

Não seja editor de jornal popular, que traz notícias sangrentas ou trágicas.

A credibilidade é fundamental para que você "cacareje" com sucesso. Se cacarejar sem "botar o ovo", acabará indo para a "panela".

Aprenda a "Pedir a Ração"

Seu chefe tem responsabilidades para com você. Aprenda como obter dele o que precisa ("a ração") para fazer um trabalho excepcional. Isso é mais do que justo, pois irá finalmente ajudá-lo também. Se você atingir suas metas, seu chefe estará mais perto das dele.

Algumas responsabilidades de seu chefe para com você

- ajudá-lo a definir as prioridades de sua área. Veja que eu disse *ajudá-lo* e não fazer isso por você;

- fornecer-lhe informações suficientes para que possa atingir suas metas;

- ajudá-lo a compreender questões políticas que não estão explícitas para você, mas que ele conhece. Evitar que você se meta em encrencas por omissão dele;

- realinhar seu projeto, antes do *"point of no return"*. Ele deve perguntar se a dobradura do paraquedas foi feita por um profissional qualificado, *antes* de você saltar da aeronave;

■ dar-lhe *feedbacks* honestos e construtivos, com os quais você consiga de fato melhorar o desempenho;

■ abrir espaço para que a organização lhe conheça.

A sua competência em conseguir de seu chefe o que necessita influirá diretamente em suas chances de sucesso no cargo atual e, por consequência, em suas chances de evoluir na carreira.

15 NEGOCIANDO...

*"Em negócios, você não obtém o que merece,
e sim o que negocia."*

– Chester L Karrass[1]

Neste capítulo você aprenderá:

- A desmistificar os processos de negociação.

- Como desenvolver habilidades de negociação.

Certamente, você negocia! Mesmo que você não ocupe uma posição de compras ou vendas, você negocia. A negociação faz parte de nossa vida, queiramos ou não.

Negociamos o programa do final de semana com a família, negociamos limites com os filhos, negociamos prazos com nossos chefes, negociamos um desconto em loja, etc.

Já que negociar é parte de nossa vida, vamos tentar fazer isso da melhor maneira possível.

Em negociação, vale o velho clichê segundo o qual as três coisas mais importantes em uma negociação são: preparação, preparação e, finalmente, preparação. Isso é verdade e soa como uma boa frase de efeito. Já foi utilizada tão exaustivamente que todos a conhecemos. Entretanto, será que compreendemos o que significa?

Acontece também que de nada adianta se preparar se a execução da estratégia é falha. Após a preparação, é necessário colocar em prática outras competências.

Desmistificando

Aprendemos a negociar de maneira errada. Nosso aprendizado mais intenso em negociação se dá na adolescência, em que aprendemos a negociar estabelecendo conflitos. Nessa etapa de nossas vidas, mesmo quando obtemos o que pleiteamos, fica uma sensação ruim, pois nessa fase, o conflito em si se confunde com a meta. Passamos a carregar subliminarmente o significado de conflito associado ao termo negociação.

Para piorar, o processo de negociação carrega muitos mitos e conceitos inadequados ao mundo dos negócios. Nem sempre uma técnica que funciona no seu dia a dia é recomendável numa situação de negociação com um cliente multinacional, por exemplo.

Que tal desmistificar as coisas?

O **primeiro mito** a ser desmistificado é de que negociação sempre tem a ver com "preço". A negociação até pode ter a ver com preços, mas raramente se limita a acerto de preços. Se isso ocorrer, acredito que na maioria das vezes terá sido por incompetência de ambas as partes.

O **segundo mito** a ser abandonado é o uso do poder. Infelizmente, a palavra "poder" acaba sugerindo subliminarmente o uso da força. O poder é importante e útil numa negociação, mas se for compreendido como uso de força pode lhe trazer mais problemas do que soluções. Vejamos algumas formas de poder que podem ser usadas em uma negociação:

- **Hierarquia** – Lembre-se de que nem sempre estamos negociando com clientes ou fornecedores. Temos que negociar com nossos líderes, liderados ou pares. Evidentemente a questão hierárquica, muitas vezes, influi nesse processo. O cuidado é para a sua posição hierárquica não ser utilizada como instrumento de opressão ou imposição.

- **Conhecimento** – O conhecimento sobre os reais limites, alternativas e objetivos da outra parte pode ser uma vantagem na negociação. O conhecimento no sentido de *"expertise"* também é outra possibilidade, desde que seja uma das vantagens competitivas em relação aos seus concorrentes.

- **Reputação** – A sua reputação ou credibilidade, ou de sua empresa, podem ser excelentes aliadas no processo de negociação, desde que você consiga associar reputação como valor agregado da sua empresa na mente do outro negociador.

- **Integridade** – Esta característica é uma das mais importantes para um profissional, não apenas nos processos de negociação. Integridade em negociação é manter-se fiel aos seus valores e aos valores de sua empresa. Prometa apenas o que poderá cumprir e, de fato, cumprirá. Com isso, você construirá sua imagem de integridade e a transferirá para sua empresa.

- **Autocontrole** – Muitas negociações fracassam em virtude de uma das partes perder o controle emocional. Cabe a você saber o momento de parar de forçar um argumento ou exigência que está tirando você ou a outra parte do ponto de equilíbrio emocional. Recuo tático é tão importante quanto o avanço.

Finalmente, o **terceiro mito** a ser derrubado é que negociação tem a ver com busca de vitória sobre o adversário. Você até pode "ganhar" hoje se a outra parte estiver fragilizada, mas lembre-se de que os ventos mudam de direção.

Negociação não é a busca de vitória, é a busca de uma nova situação aceita e benéfica para ambas as partes. Isso permite construir uma base sólida para as negociações futuras.

Entenda a metodologia *ganha-ganha* como algo além de uma sugestão piegas de um consultor ou um palestrante de seminário de vendas.

Preparação

Afinal, se preparação é tão importante assim, do que realmente se trata?

Vejamos, a preparação envolve:

- Saber o que queremos e o que não queremos.

- Saber o que a outra parte quer e o que não quer.

- Saber o que poderemos conceder.

- Conhecer nossas alternativas.

- Conhecer as alternativas da outra parte.

- Conhecer nossos pontos fortes e fracos nesta negociação.

- Conhecer os pontos fortes e fracos da outra parte nesta negociação.

O Que Queremos? O Que a outra Parte Quer?

Como já sabemos, negociar não é vencer. Então, para definir se uma negociação foi bem-sucedida ou não, precisamos estabelecer os parâmetros que consideramos fatores determinantes do sucesso.

O que é o mínimo aceitável, a partir do que podemos afirmar que tivemos sucesso? Qual o nosso objetivo nessa negociação? Queremos aumentar nossa margem ou nosso faturamento? Queremos conquistar determinado cliente mesmo que a margem seja marginal, pois com isso aumentaremos nossas perspectivas no mercado? Queremos gerar mais caixa?

Vejamos um exemplo de nosso dia a dia que permite facilmente identificar esse conceito. Para isso, gostaria que imaginasse um estabelecimento comercial de rua (Shoppings não são um bom "laboratório", pois os vendedores não têm poder de decisão algum). Você já tentou comprar algo num estabelecimento comercial de rua e sentiu, por exemplo, que o comerciante estava tentando lhe "tirar o couro"?

Provavelmente, o objetivo daquele comerciante era maximizar sua margem de lucro naquela venda e não conquistar mais um cliente fiel.

Por outro lado, já entrou numa loja com o firme propósito de comprar um único item e saiu com dois ou três, porque o comerciante lhe convenceu de que era um *negócio da China*? Ele provavelmente estava tentando maximizar o faturamento, mesmo com alguma perda de margem.

Saber o que queremos pode se tornar um problema se isso ficar claro demais para a outra parte.

Vejamos novamente o exemplo da loja. Digamos que queira um desconto para uma camisa que escolheu. Percebeu que o comerciante deseja aumentar o faturamento, portanto não quer perder esta venda. Se você disser ao vendedor, exatamente nesta ordem:

– *Gostei dessa camisa. Vou levar. Pode me dar um desconto?*

Qual sua chance de conseguir o desconto agora que já informou a ele que gostou e vai comprar?

Compare agora com a seguinte ordem:

– *Qual o desconto se eu pagar à vista?*

Aguarde o posicionamento dele e depois diga:

– Gostei. Vou levar.

Pode estar até parecendo óbvio demais, mas esse tipo de inversão ocorre em negociações envolvendo milhões.

Não apresente sua decisão se ainda estiver negociando!

Portanto, saber o que queremos e o que a outra parte quer são duas condições fundamentais na preparação da negociação e para usar durante a negociação. Não adianta nada saber se não utilizar isso a seu favor.

O Que Não Queremos? O Que a Outra Parte Não Quer?

Identifique claramente o que deseja evitar durante o processo de negociação. Isso pode ser tão importante quanto saber qual a meta.

Imagine, por exemplo, uma situação de negociação em que a outra parte vai lhe dar algo, porém, quer uma "troca". Nesse momento, saber exatamente o que não podemos aceitar fará toda a diferença.

Agora "calce o sapato da outra parte" e sinta onde aperta, ou seja, identifique claramente o que a outra parte não quer e evite confrontá-la com isso.

O Que Poderemos Conceder?

Uma vez definido o nosso objetivo, precisaremos listar as possíveis concessões. Concessões são melhores quando utilizadas como "moeda de troca".

Na loja, o comerciante que queria aumentar o faturamento, deveria lhe responder: Se levar duas eu posso lhe dar 10% de desconto no valor da segunda. Se você concordasse ele teria duplicado o faturamento nessa venda e talvez você escolhesse mais uma camisa só para aproveitar o desconto. Ele poderia ter dito que daria 5% de desconto sobre o valor da compra. Em termos absolutos é o mesmo desconto, mas um comerciante experiente sabe que alguns clientes preferem ouvir 10% em vez de 5% e assim dobram o valor da venda.

Qual o nosso limite? Até onde chegaremos? A partir de que ponto nós fincamos uma "bandeira" e informamos a outra parte que chegamos ao ponto limítrofe?

Só um lembrete: *nunca* blefe sobre seu limite. Se precisar voltar atrás, comprometerá sua credibilidade para negociações futuras.

Finalmente, lembre-se de que concessões custam!

Não conceda nada se a outra parte não pedir. Guarde essa reserva para quando for necessária.

Nunca se esqueça:

A única razão de negociar é porque o valor percebido por ambas as partes é diferente; caso contrário, para que negociar?

Assim, se a outra parte já considerou que o valor atribuído a um bem ou serviço está compatível com suas expectativas, conceder mais para quê?

Quais nossas Alternativas? Quais as Alternativas da outra Parte?

Acredito que este item seja autoexplicativo; contudo, permita-me lhe mostrar um exemplo.

Imagine que um casal esteja procurando um apartamento para comprar. Já visitaram vários, e na visita em curso a esposa vira para o marido, na frente do corretor, abre um largo sorriso, e diz: – *Adorei. É esse!*

Só posso desejar boa sorte ao pobre marido nessa negociação...

Quais nossos Pontos Fortes e Fracos?

Por que a outra parte escolheria sua empresa, seu produto ou serviço e não o do concorrente? Isso é muito importante, pois em muitas negociações a outra parte não consegue definir claramente que vantagens seu produto ou serviço traria em comparação com o do concorrente.

Deixando a questão da marca de lado, que normalmente é um dos pontos decisivos, considere apenas os atributos.

Imagine que você esteja procurando uma TV de plasma. Entre numa loja e tente comparar as características técnicas das várias alternativas disponíveis. Tente avaliar qual tem a melhor imagem, qual a mais bonita, qual a melhor.

Se não for do ramo, vai ficar zonzo com tantas informações técnicas, que, se viessem escritas em japonês não fariam a menor diferença.

Seu cliente pode se sentir assim.

Você precisa relembrar seu cliente do que torna sua empresa ou produto a melhor opção para ele. Tem de tirar o foco do preço e fazê-lo escolher sua empresa ou produto antes e depois negociar um preço justo.

Da mesma forma, faça o raciocínio do ponto de vista da outra parte. O que ele "jogará" na mesa de negociação que deixará sua posição fragilizada? Por exemplo, quantas reclamações você recebeu nos últimos doze meses? Eram todas procedentes? Eram causadas por sua empresa? Se as reclamações foram causadas pela sua empresa, o que você fez ou fará para reverter essa situação? No que sua empresa é visivelmente pior que os concorrentes?

Se sua empresa tem uma lista expressiva de pontos fracos, esteja preparado para concessões.

Conclusão

Como viu, negociar não é algo complicado.

A negociação é um processo que pode ser melhorado continuamente e, como fiz questão de mostrar, pode ser treinado em situações do dia a dia onde os erros, em geral, não são fatais.

Exercite!

16 ENTROPIA ORGANIZA-CIONAL

*"O que faz andar o barco não é a vela enfunada,
mas o vento que não se vê."*

– Platão[1]

Neste capítulo você aprenderá:

- O que a Segunda Lei da Termodinâmica tem a ver com administração.

- Como melhorar sua capacidade de manter processos estáveis.

A entropia do Universo aumenta!

Talvez, você esteja pensando: *Esse autor está doido* – ou ainda – *Classificaram esse livro erroneamente, deveria estar na prateleira de Física ou Termodinâmica.*

Errado!

Vou lhe mostrar que a Segunda Lei da Termodinâmica age silenciosamente ao seu redor e, pior, influi diretamente nos resultados da empresa em que você atua.

Entropia é a medida do nível de organização das moléculas num sistema fechado.

Qualquer estudante de engenharia ou física conhece a Segunda Lei da Termodinâmica. Esta lei afirma que a entropia do universo aumenta, portanto o nível de desorganização do universo aumenta.

Pronto. Já passamos a parte chata. Vejamos agora como esse conceito pode ser aplicado no seu dia a dia.

A palavra entropia é também usada em administração para designar situações em que predomina o caos e a degradação dos sistemas, também chamada de *entropia organizacional.*

Sua missão é evitar ou reduzir esses efeitos em sua organização, como veremos adiante.

Sugiro utilizar a sua mesa de trabalho como campo de observação, onde ficará fácil entender o conceito. Pare de gastar energia para organizá-la e veja o que ocorre. A sua mesa de trabalho ou seu "minissistema" simplesmente tende para um nível maior de desorganização com o passar do tempo. E você sabe muito bem que não precisa muito tempo para que isso seja visível. Isso não ocorre apenas em sua mesa, obviamente.

Infelizmente, todo sistema, quando deixado agir livremente, tende para um estado de máxima desordem, correspondente à entropia máxima.

Se você já acredita na entropia organizacional deve estar sentindo um friozinho na espinha. Ou pelo menos deve estar pensando: *Comprei o livro e o que recebo em troca é apenas mais preocupação. Será que devolvem meu dinheiro?*

Minha intenção não é preocupá-lo.

Quero ajudá-lo a entender e aplicar o conhecimento do conceito a seu favor. O primeiro passo você já deu ao compreender e acreditar que a entropia existe e está agindo ao seu redor.

Entropia é um processo natural. Assim como numa reação química as moléculas se rearranjam para a condição de maior desarranjo (maior entropia), os processos sob seu controle também tenderão a se desarranjar. A energia disponível se dissipa na forma de desorganização.

Vejamos agora como reverter essa situação.

Criando as Condições

Você precisará utilizar energia para reverter os efeitos da entropia no seu ambiente de trabalho. A energia disponível parece estar fazendo o oposto do que deseja; portanto, não espere que isso ocorra sem que você crie as condições.

Na China, a palavra **energia**[2] (*Shih*) pode também significar **influência** ou **autoridade.**

Pelo menos em chinês as coisas começam a se encaixar, não acha?

Você precisa encontrar e aplicar energia para obter um maior nível de organização; portanto, se aplicar **autoridade** ou **influência** de forma adequada, poderá obter o mesmo efeito. Ou seja, as condições para um melhor nível de organização dependerão basicamente de sua capacidade de influenciar pessoas ou exercer sua autoridade, por meio de processos e sinais adequados.

"... controlar muitos é o mesmo que controlar poucos. É uma questão de formações e sinais." [3]

— *Sun Tzu*

As pessoas dão importância para o que os seus líderes medem, controlam e acompanham!

Para obter mais organização em um determinado processo ou área da empresa, estabeleça parâmetros de medição e os controle ou acompanhe. Faça *follow up*. As pessoas passarão a cuidar melhor daquele determinado processo a fim de reduzir seu nível de exposição e, com isso, o processo tenderá a se organizar e, por consequência, se estabilizará.

Somente delegue essa responsabilidade quando tiver alguém preparado para manter, no mínimo, o mesmo nível de interesse e controle que você aplica.

Perceba que esse caminho não é natural, assim, bastará que pare de investir energia num determinado processo para que ele comece a se deteriorar.

Quantas vezes você já disse isto: *Não tivemos um problema similar a esse antes? Achei que estivesse resolvido.*

Talvez estivesse resolvido mesmo, mas provavelmente não tenham sido criadas as condições para manter tal processo estável.

Controlando a Entropia

Estamos atuando em sistemas complexos com relações muitas vezes desconhecidas por nós, mas que provocarão reações ao alterarmos o sistema. Como agir nessa situação?

A primeira condição para controlar uma situação ou processo é comunicar a mudança e explicar os seus motivos.

Minha experiência pessoal é de que quanto mais energia for dispensada em **comunicação**, antes de iniciar uma mudança de impacto, maior será sua chance de retornar rapidamente ao equilíbrio do sistema em sua nova configuração.

Aprendi com Edson Vaz Musa, quando ele presidia a Rhodia no Brasil e era membro do Comitê Executivo da Rhône Poulenc na França, que são necessárias pelo menos sete repetições de uma informação complexa para garantir que ela seja captada e compreendida pela maioria das pessoas. Nunca descobri de qual fonte ele tirou esse conceito, porém, acredito profundamente nisso; tanto que utilizei durante toda minha vida profissional. Posso garantir que funciona.

Não estou sugerindo a repetição de um conceito ou informação por sete vezes, e sim a utilização do maior número possível de diferentes formas de comunicação, verbais e não verbais, para garantir sua compreensão.

A segunda condição para estabilizar um processo, muito mais fácil de entender e mais difícil de aplicar é **despertar a motivação das pessoas para a manutenção da nova condição**. É fácil, por exemplo, fazer um filho adolescente entender as vantagens de ter um quarto organizado, mas não é tão fácil motivá-lo para organizar seu quarto e mantê-lo nessas condições. Nas empresas seria exatamente igual se as relações de poder fossem as mesmas, mas os filhos sabem que não podemos demiti-los, promovê-los, alterar seus salários, transferi-los ou algo do gênero e, pior, utilizam isso a seu favor.

Sim, esta é a boa notícia! É mais fácil mudar comportamentos num ambiente empresarial em que ambas as partes têm interesses do que em nossa própria casa.

Os funcionários estão na empresa pelo emprego, salário, benefícios, mas não apenas por isso. Querem crescer como pessoas, como profissionais, querem reconhecimento e, lembre-se, esta lista varia de pessoa para pessoa e também ao longo do tempo para um mesmo indivíduo. O mais importante é reconhecer que as pessoas não trabalham apenas por dinheiro como chegou a pensar Taylor .[4]

Estabeleça formas de medir o desempenho nos quesitos organização e manutenção de processos e reconheça publicamente os melhores resultados.

Qualquer processo de mudança exige muita energia, por não ser natural, mas, ultrapassado certo ponto, tenderá a um novo equilíbrio. Nessa nova condição, o nível de energia para manter o sistema estável é muito menor do que foi para levá-lo até este ponto.

Caso real

Vou recorrer ao surrado exemplo das estações de metrô e de trem.

Sabemos que as estações de metrô são muito mais limpas do que as estações de trens convencionais, em São Paulo. Se lembrarmos que muitas das pessoas que utilizam um meio de transporte também utilizam o outro, não podemos atribuir a maior limpeza do metrô a fatores ligados somente aos usuários como nível sociocultural, educacional, ou outros.

Sabemos que é mais constrangedor jogar um papel num piso imaculado do que num piso imundo. O metrô tem mais vigilância sobre essas questões do que no sistema convencional de trens, e isso é, provavelmente, fruto da crença de seus administradores de que assim prestarão um serviço melhor; mas também estou convencido que as pessoas se adaptam facilmente ao meio.

A quantidade de energia gasta para manter o metrô limpo é muito menor do que a energia gasta para limpar as estações de trem. Uma vez que terá que gastar energia para o sistema ficar limpo e organizado, é muito melhor fazê-lo de forma preventiva, economizando tempo e energia. A empresa em que você trabalha parece uma estação de metrô ou de trem?

As empresas mais competitivas são as que têm o melhor corpo gerencial além de serem as mais limpas e organizadas. Será coincidência?

Este capítulo poderia terminar aqui. Mas a seguir vou lhe dar um bônus: uma pitadinha de história da administração. É sempre mais fácil compreender o presente se olharmos para o passado e entendermos como chegamos ao paradigma vigente.

Um Pouquinho de História

Como sabemos, a Revolução Industrial ocorreu há muito pouco tempo se comparada à história da civilização humana. Com ela, vieram as questões relacionadas à administração da produção.

Uma das grandes revoluções da administração moderna é o fato de que aprendemos a gerenciar por processos. Hoje, isso parece tão óbvio e aceitável que esquecemos o que ocorria nas organizações há menos de um século.

Como chegamos até aqui?

Bem, no início do século XX, na Midvale Steel Company, trabalhava Frederick W. Taylor, mais tarde chamado de "pai da administração científica".[5]

Taylor propunha incentivos salariais aos trabalhadores considerados seres "econômicos", ou aqueles que produziam num nível de produtividade superior, e punições na forma de descontos para aqueles que desempenhavam abaixo do esperado. Essa foi a era da **ênfase na tarefa**.

Obviamente essa abordagem não foi eficaz na busca da produtividade e motivação, desejadas pelas empresas da época. Nessa conjuntura, por volta de 1920, surge Elton Mayo.

O ponto de vista de Mayo sobre a administração científica é expresso na sua afirmação: "A Teoria Econômica, nos seus aspectos humanos, é totalmente inadequada. Na realidade, ela é mesmo absurda. A humanidade não pode ser adequadamente descrita como sendo uma horda de indivíduos, motivados, cada um, por interesses egoístas".[6]

Mayo realizara estudos de aumento de eficiência e redução da rotatividade de pessoal numa indústria têxtil, mas não estava satisfeito com a explicação para as melhorias obtidas. Pouco tempo depois, ele realizou um trabalho na Western Electric que consistiu de estudos de diferentes níveis de iluminação, períodos de descanso e outras condições de trabalho para determinar como isso poderia afetar os níveis de produtividade.

Não importava qual mudança se realizasse sobre o ambiente escolhido para a pesquisa, invariavelmente, a produtividade daquele grupo aumentava. Incrivelmente, mesmo retornando às condições anteriores ao início dos estudos, a produtividade e o moral daquele grupo de mulheres se mantiveram elevados.

Mayo concluiu posteriormente: "O que aconteceu, na realidade, foi que seis indivíduos se transformaram em uma equipe e a equipe entregou-se total e espontaneamente à cooperação na experiência".[6]

Os experimentos na Western Electric apontavam para a importância dos aspectos psicológicos e sociais e sua relação direta com a performance. Aquelas pessoas se sentiram valorizadas e receberam um nível extra de atenção e retribuíram com o que pensavam ser o "preço" a pagar por esse tratamento diferenciado.

Assim, qualquer que fosse a mudança do ambiente de trabalho, mesmo que para pior, o grupo retribuía com mais produção. Essa foi a era da **ênfase nas pessoas**.

Foi um avanço significativo nas relações capital-trabalho, mas ainda não resolviam todas as questões enfrentadas pelas empresas da época e muito menos nas décadas seguintes.

Uma vez que nenhuma abordagem resolvia definitivamente as necessidades das organizações, seguiram-se incontáveis outras tentativas. Passou-se de um raciocínio linear, do tipo causa e efeito, em que se buscava uma resposta única para um problema ou obstáculo para um pensamento sistêmico.

De forma simplificada, essas abordagens nos trouxeram à era da **ênfase nos processos**, o paradigma que vivemos até os dias atuais.

Sabemos que, ao se atuar em um processo qualquer de um sistema complexo, pode-se provocar um desequilíbrio em outras partes desse sistema, ou mesmo de outros, posto que as organizações atuais são tão complexas que possuem diversos sistemas inter-relacionados.

A conclusão, então, é que ao permitir o desarranjo de um processo na organização, não se pode mais garantir que outros processos estejam sob controle.

Viu como a entropia existe?

17 OLHANDO PARA FORA

"O cliente não espera que tudo saia bem o tempo todo; o grande teste é o que você faz quando as coisas dão errado."

– Sir Colin Marshall

Neste capítulo você aprenderá:

- Por que deve ter foco no cliente mesmo que não atue em área comercial.

- O que o cliente tem a ver com sua carreira.

- Se é você quem vende ou o cliente quem compra.

172 Fui Promovido! E Agora?

Nasci praticamente atrás de um balcão. Meus pais nunca estudaram *marketing*. Certamente, nunca ouviram falar de Michael Porter ou George Day. Entretanto, tenho absoluta certeza que sempre compreenderam o *valor do cliente* para seus negócios.

Nos anos 60, meus pais não conseguiam sair à rua e caminhar por dois quarteirões sem parar para conversar com um ou outro cliente. Eles não falavam de negócios, perguntavam sobre a família, se já tinham concluído a casa própria, se estavam gostando do novo emprego e coisas do gênero. Não eram perguntas padronizadas, eram perguntas pertinentes à vida e ao interesse de cada cliente que encontravam. Meus pais tratavam cada cliente como se fosse o mais importante.

Eles não ofereciam nada naquele momento, mas sabiam que estavam *vendendo*. Intuitivamente, estavam aprendendo mais sobre cada cliente para poder atender suas necessidades futuras.

Acredito que, para meus pais, cada cliente era realmente o mais importante. Eles não queriam perder nenhum deles. Procuravam então, intuitivamente, aplicar conceitos de marketing que, mais tarde, eu reconheceria associados a teorias e nomes, mas que muitos comerciantes de bairro aplicavam sem os ter estudado.

Talvez você me diga: *Mas os tempos eram outros. Os comerciantes pequenos eram praticamente os únicos canais de distribuição. O dono do negócio ficava atrás do balcão e conhecia os clientes pelo nome.*

Sim, mas não vamos nos esconder atrás da globalização, da complexidade do mundo moderno ou de outra desculpa qualquer só por não conseguirmos fazer bem feito algo que outros fazem.

Anos depois de meus pais terem se aposentado do comércio, o relacionamento com os ex-clientes ainda existia.

Eu costumava brincar com minha mãe, chamando-a de 'pau de enxurrada'. Essa expressão popular identifica aquelas pessoas que, como galhos, vão parando, se enroscando a cada curva do rio. Uma saída de casa era na verdade uma sessão de relacionamento com os ex-clientes e levava, no mínimo, o dobro do tempo normal.

Meus pais já praticaram CRM (*Customer Relationship Management*) antes mesmo de esse conceito ser criado. Aliás, o conceito não é privilégio deles e muito menos de quem o batizou.

O problema não está em fazer isso. Está em fazer isso em larga escala, com múltiplos clientes, interlocutores, funções e departamentos no cliente *e na sua empresa* e ainda ser algo natural e que o cliente reconheça e valorize.

O seu cliente quer sentir que sua empresa está verdadeiramente interessada em satisfazer seus anseios e, mais do que interessada, sua empresa demonstra claramente essa intenção por meio de suas ações e do valor que adiciona ao seu negócio.

Precisei ler alguns livros e fazer alguns seminários para descobrir formas de fazer o mesmo que meus pais e seus concorrentes, na época, faziam com tanta espontaneidade.

Por quê?

Por duas razões: as grandes e médias empresas possuem clientes com muitos interlocutores, e porque os clientes são diferentes a cada dia. Nossos clientes não só mudaram, como continuam mudando.

Em 1954, Peter Drucker definiu a busca da satisfação do cliente como a *única* definição válida para o propósito de um negócio.

Fomos treinados e ensinados a estar próximo aos nossos clientes, a colocar nossos clientes em primeiro lugar etc. Esqueceram de nos perguntar se sabíamos **como** fazer isso.

Se perguntarmos a qualquer gerente de uma organização se ele é orientado para o cliente, o que acha que ouviremos como resposta?

Responda você.

E se, em vez de lhe perguntar o óbvio, e você me dar a resposta "certa", eu lhe perguntasse: *Você parece ser um profissional com forte orientação para o mercado, me explique* **como** *faz isso?*

Se você conseguiu responder a essa questão, sem parar por alguns segundos para achar uma resposta, pode esquecer este capítulo, já sabe o que virá a seguir. Ou melhor, leia-o até o fim e compartilhe da sua experiência comigo.

Orientando-se para o Cliente

Existem inúmeros estudos demonstrando que as empresas com forte orientação para o mercado são as mais lucrativas e, em geral, levam vantagem competitiva sobre seus rivais. Por que, então, tantas empresas falham na implantação de estratégias de orientação para o mercado?

George Day, um dos mais reconhecidos estudiosos de estratégias de marketing, diz: "Dados os óbvios benefícios, por que tantas empresas falham para se tornar orientadas para o mercado? Porque seus processos internos, estruturas, incentivos e controles estão no caminho".

Várias empresas se autodenominam *orientadas para o mercado*, mas uma simples análise nos organogramas de muitas delas revelará que não é bem assim. Se uma empresa pretende ser orientada para o mercado, deveria ter em seus organogramas cargos de gerente de mercado ou de gerente de contas estratégicas e não de gerente de produto. Não me refiro apenas ao título do cargo. Refiro-me à verdadeira função exercida, às metas e objetivos estabelecidos, ao processo de avaliação de desempenho implantado.

Imagine-se gerente do produto X. Você será cobrado pela *performance* comercial de X. Então, para ter sucesso, progredir na organização e ser reconhecido, você lutará para aumentar o volume e as margens de X. Sua vida é *pensar em* X, *melhorar* X, e assim por diante. Perceba que o cliente ou mercado, nesse caso, acabam naturalmente ficando em segundo plano.

Se, ao contrário, você fosse gerente do mercado W. Sua vida seria *pensar em* W, *melhorar* W... Lutaria para melhorar a *performance* comercial no mercado W e, para isso, teria de procurar compreender o que os clientes desse mercado estariam buscando ao invés de tentar lhes empurrar o produto X.

Na verdade, um gerente produzirá resultados com base no que for cobrado e naquilo que lhe proporcionar reconhecimento.

Entendeu como muitas vezes as estruturas das empresas atrapalham mais do que ajudam na execução de uma estratégia?

Como fazer a coisa certa com a estrutura organizacional errada? A resposta é: Simplesmente não dá! E se der, será, na melhor das hipóteses, dolorosa e, mesmo assim, mais ou menos certa.

Orientando-se para o Mercado

A Orientação para o Mercado pode ocorrer em três níveis:

- *Cultura da empresa* – definida pelo conjunto de crenças e valores que colocam o cliente em prioridade.

- *Estratégia* – criando continuamente um valor superior para o cliente.

- *Táticas* – atividades e processos voltados à satisfação do cliente.

É fácil perceber que as três abordagens têm níveis de comprometimento completamente diferentes. Entenda *comprometimento* com a seguinte metáfora:

Numa omelete com bacon, o porco está **comprometido** *e a galinha está* **envolvida**.

Normalmente, as empresas estão, no máximo, envolvidas em seus planos táticos. É muito mais fácil mudar ou desistir de uma tática do que alterar uma estratégia. O que dizer então sobre a alteração da cultura de uma empresa...

As empresas que verdadeiramente conseguirem criar uma cultura em que o cliente é a **prioridade** sempre terão muito mais chances de sucesso. São empresas em que cada pensamento, decisão ou ação é baseada nas necessidades do mercado, **sempre**.

Não estou sugerindo que esqueça os demais *stakeholders*[1] (acionistas, comunidade, governo, funcionários). Todos os *stakeholders* devem ser satisfeitos, dentro do possível, em suas aspirações. Os resultados, entretanto, virão primordialmente de seu cliente, não de seu acionista, governo ou da comunidade onde sua empresa atua.

Lembre-se:

É o acionista quem lhe contrata, e o cliente quem lhe demite.

Vejamos então os fatores que dificultam a mudança das empresas que querem "olhar para fora".

A imprevisibilidade

Existem quatro fatores que dificultam o desenho dos planos estratégicos para que uma empresa se torne orientada para o mercado:

- Convergência

- Fragmentação

- Saturação

- Mutação

Não pretendo lhe dar quatro desculpas para não ter uma estratégia consistente, e sim alertá-lo para fatores que são fundamentais quando estiver desenhando uma estratégia nos dias atuais. Vamos a elas.

A **convergência** se dá porque todos os seus concorrentes estão lutando pelos mesmos clientes e mercados que sua empresa.

Antigamente, havia onde se esconder. Existiam *mercados exclusivos* por questões logísticas, tecnológicas ou de comunicação. Essas vantagens de alguns eram, na verdade, bons "locais" para se esconderem da concorrência. Atualmente, isso é cada vez menos verdade. A cada dia fica mais difícil imaginar os próximos lances, pois os seus concorrentes agora são múltiplos.

A imprevisibilidade pela **fragmentação** se dá porque dia após dia acabamos descobrindo que o agrupamento de clientes que utilizamos não representa mais os principais interesses comuns a todos. Assim, temos de criar novos subgrupos ou segmentos de mercado que representem esses interesses, ou seja, estamos vivenciando o fenômeno da **fragmentação**. Isso está ocorrendo muito mais rapidamente do que há alguns anos. Os clientes estão mudando tão rapidamente que acabam definindo necessidades específicas para dar suporte às suas próprias estratégias. Com isso, sua empresa se vê obrigada a atender um rol muito maior e mais específico de necessidades.

A imprevisibilidade pela **saturação** se dá pelo fato de todos estarem prometendo as mesmas coisas para os clientes ou consumidores.

Tente, por exemplo, diferenciar alguns planos de saúde. Tente descobrir qual a melhor alternativa em termos de telefonia celular. Qual a melhor opção para adquirir uma TV digital? Tente diferenciar alguns fabricantes de veículos pelos serviços prometidos no pós-venda. Consegue?

Sinto-me cada vez mais incompetente como consumidor. Quero soluções, respostas às minhas necessidades, não a certeza de minha ignorância a cada compra. Isso ocorre também com nossos clientes.

O quarto fator de imprevisibilidade é a **mutação**. Utilizo este termo por não encontrar outro melhor para definir os clientes atuais. Não há nenhuma intenção pejorativa no uso do termo. Somos verdadeiros "mutantes" quando clientes ou consumidores.

Esqueça aqueles questionários ou pesquisas anuais para medir o índice de satisfação e necessidade dos seus clientes. Os clientes mudam à "velocidade da luz", assim como suas necessidades, e é isso que torna um tanto imprevisível a definição do que precisarão no próximo semestre ou o que os motivará a comprar de sua ou de outra empresa.

Tome como exemplo os alimentos e os interesses nutricionais dos consumidores atuais. Há muito pouco tempo, ninguém falava em baixo teor de gordura, gordura trans, baixo teor de sódio, teor de fibras, estabilizantes, corantes, *clean label* (tendência atual na Europa, onde os clientes buscam produtos com menor lista de ingredientes e aditivos possível) etc.

Uma empresa altera um produto num mês e, no seguinte, já está correndo contra o relógio para atender à nova demanda do mercado.

> *"Você não pode perguntar aos clientes o que eles querem e então tentar dar isso a eles. Com o tempo que levará para fazê-lo, eles irão querer alguma outra coisa."*
>
> *— Steve Jobs*

As empresas que conseguirem um "decodificador" mais eficiente para "ler" as necessidades, desejos e aspirações *atuais* e *futuras* de seus clientes *antes* dos seus concorrentes, certamente, estarão na dianteira e terão uma real vantagem competitiva.

A Empresa Voltada para o Mercado

A primeira característica fundamental é relativa ao profundo conhecimento das razões pelas quais um cliente decide comprar seu produto e não o produto do concorrente. Tente res-

180 Fui Promovido! E Agora?

ponder às questões com respostas pertinentes ao seu negócio e ao seu mercado.

- Sua empresa conhece verdadeiramente essas razões?

- Todos os departamentos da empresa compartilham desse conhecimento e o utilizam em favor da sua organização?

Muitas vezes, a decisão de compra de um produto ou serviço estará ligada a fatores externos à sua organização, como a sua rede de distribuidores, a qualidade da assistência técnica ou da atividade pós-venda. Tente responder às questões com respostas pertinentes ao seu negócio e ao seu mercado.

- Pergunta-chave: Sua empresa consegue identificar quem decide pela compra e por que razão?

- Sua empresa realiza reuniões interdepartamentais para discutir os pontos de insatisfação dos clientes?

- Ao realizar essas reuniões, são decididas as ações que serão executadas, definindo os responsáveis, os prazos e o processo de avaliação que permitirá confirmar sua eficácia?

A segunda característica fundamental é relativa ao uso do conhecimento do mercado para a tomada de decisões estratégicas e táticas.

- Sua empresa consegue agrupar os clientes ou os clientes potenciais, por exemplo, por *categorias de motivação* para a decisão de compra? Toma decisões táticas diferentes para cada grupo de clientes?

Olhando para Fora 181

- Sua empresa define claramente os clientes estratégicos para o negócio?

- Os conflitos de interesse entre os diversos departamentos são tratados de forma que prevaleça o interesse de determinado grupo de clientes?

A terceira característica fundamental se refere à coordenação para tomada de decisões entre os diversos departamentos ou divisões da organização. Tente responder às questões com respostas pertinentes ao seu negócio e ao seu mercado.

- Essa coordenação existe e quem coordena tem autoridade para tirar o máximo dos diversos departamentos?

- Essa coordenação leva à otimização no uso dos recursos da empresa em favor dos interesses de determinado grupo de clientes?

- Ao fazê-lo, consegue verdadeiro comprometimento dos departamentos envolvidos?

Agora, releia as perguntas acima e simplesmente substitua os pontos de interrogação por pontos finais. Você terá a descrição de uma empresa verdadeiramente voltada para o mercado.

Olhando a lista acima, sua empresa tem mais interrogações ou mais afirmações?

Como Benson P. Shapiro disse, em seu artigo *What the hell is "Market Oriented"?* de 1988: *Após anos de pesquisa, estou convencido de que o termo "orientada para o mercado" representa um conjunto de processos tocando todos os aspectos da empresa. É muito mais do que o clichê "aproximar-se do cliente".*[2]

Shapiro não era contra a aproximação ao cliente; mas, segundo ele, isso não basta.

Se uma empresa consegue fazer com que as motivações de compra do cliente permeiem toda a organização, que as decisões táticas e estratégicas sejam tomadas por diversos departamentos que possam agregar valor ao cliente e sejam coordenadas e executadas com senso de comprometimento, então, ela é uma empresa **voltada para o mercado**.

18 ALICE, O GATO, A RAINHA E O CEO...

"Prognosticar é muito difícil, principalmente sobre o futuro."

– Neils Bohr[1]

Neste capítulo você aprenderá:

- Que não basta se dar bem no cargo atual.
- A gerenciar eficazmente sua carreira.
- A usar ferramentas de planejamento estratégico para montar seu plano de carreira.

184   Fui Promovido! E Agora?

Lewis Carroll[2], provavelmente, não estava pensando em conceitos de planejamento estratégico quando escreveu *Alice no País das Maravilhas*, como no capítulo 6 em que Alice conversa com o Gato:

— *O senhor poderia me dizer, por favor, qual o caminho que devo tomar para sair daqui?*
— *Isso depende muito de para onde você quer ir*, respondeu o Gato.
— *Não me importo muito para onde (...)*, retrucou Alice.
— *Então não importa o caminho que você escolha*, disse o Gato.

Quem não sabe para onde quer ir não pode ser ajudado e, muito menos, se ajudar. Se o planejamento estratégico é vital para grandes organizações, por que não seria bom para você?

Não lhe parece óbvio que é melhor traçar seu próprio plano estratégico de carreira do que apenas "navegar" ao sabor dos ventos?

Planejamento estratégico é algo muito mais simples do que parece. O processo em si não tem segredos. Estamos acostumados a planejar uma viagem, um churrasco com amigos ou uma festa, por exemplo.

Ao escolher uma roupa para encontrar a namorada, um adolescente está "planejando". Planeja porque quer mostrar uma determinada imagem, um estilo ou por outra razão qualquer. Ele "escolheu" a roupa porque tem um "plano".

Temos metas a atingir, seja impressionar uma garota, no caso do adolescente, seja crescer ou conquistar uma posição na empresa.

As metas se referem ao futuro. Não importa quem ou qual empresa faça um plano estratégico, este sempre será sobre o futuro.

Então, a primeira conclusão importante e óbvia é que o planejamento estratégico é sobre o futuro. Não fique bravo comigo. Sei que parece bobagem dizer isso, mas muitas empresas e pessoas fazem planos estratégicos com base no passado. Estabelecem metas estratégicas que parecem ser apenas a evolução do passado. Creio que se sentem mais seguras, uma vez que o passado é conhecido. Será?

Imagine se você pintasse o parabrisa de seu carro com tinta preta e tentasse sair de casa e chegar ao trabalho usando apenas os retrovisores, sua memória, sua audição e seus instintos para guiá-lo. Seria equivalente a um plano baseado apenas no passado. Seus espelhos mostrariam a verdade, não há como negar que o que estaria vendo neles foi o caminho que trilhou; entretanto, seria seguro? Você pode garantir que por ter dirigido os últimos metros em linha reta, deveria continuar com o volante na mesma posição nos próximos metros? Você tem coragem de fazer este teste?

Se você, pessoa de bom-senso, não tem coragem de tentar isso, por que teria coragem de fazer o mesmo com seu próprio futuro profissional?

A outra constatação igualmente importante é que todo plano estratégico deve servir para nos levar aonde queremos chegar.

Talvez para o adolescente seja muito mais fácil identificar quando terá atingido sua "meta estratégica" do que é para as empresas.

Os planos estratégicos não se tratam de prever o futuro, mas de **imaginar um futuro** que possa ser construído e criar as condições para fazê-lo.

> *"Para prever o futuro precisamos de lógica,*
> *mas também precisamos de fé e imaginação,*
> *as quais, algumas vezes, desafiam*
> *a própria lógica."*
>
> *– Arthur Clarke[3]*

A questão fundamental é escolher *um dos futuros possíveis* e fazer com que se torne não apenas real, mas que seja a melhor escolha para você. Como na piada onde a vidente diz:

— *Sinto dizer-lhe, mas dentro de pouco tempo a senhora estará viúva. O seu marido morrerá de forma violenta.*
— *E serei absolvida*? – pergunta rapidamente a cliente.
A escolha do "futuro certo" é tão importante quanto traçar um bom plano para chegar lá.

Etapas do Processo de Planejamento Estratégico

Todo processo de planejamento estratégico de carreira consiste em responder às questões fundamentais:

- Quem sou?

- Onde estou?

- Onde quero chegar?

- Como chegarei lá?

- Quais os fatores internos e externos que podem interferir?

- *O que* e *quando* irei fazer o que me propus?

Não há como ter certeza do momento em que se atingiu a qualidade suficiente nas respostas, porém, como disse James Thurber[4]:

"É melhor saber algumas das questões do que todas as respostas."

O que eu traduziria como: O *ótimo* é inimigo do *bom*.

Onde Estou?

Esta pergunta objetiva descobrir a situação atual de sua carreira, como seu nível de competência técnica, seu portfólio de competências, suas contribuições no desempenho da função atual, as necessidades explícitas dos seus clientes internos (chefe e outros departamentos atendidos pelo seu trabalho) ou externos.

Analise em seguida os fatores internos e externos que influenciam sua carreira. Ao analisar os fatores externos, deve se considerar:

- O ambiente em que atua.

- O ambiente social em que vive.

- O ambiente econômico.

- O ambiente tecnológico.

Ao analisar os fatores internos é fundamental "relembrar" a sua história e a sua herança cultural, pois algumas vezes você se surpreenderá como isso pode ajudar ou atrapalhar seus planos. A etapa seguinte consiste em conduzir uma análise SWOT.

SWOT (Forças, Fraquezas, Oportunidades e Ameaças)

O termo *SWOT* vem das iniciais das palavras: **strength** (forças); **weaknesses** (fraquezas); **opportunities** (oportunidades) e **threats** (ameaças). Acho que não ousaríamos traduzir o acrônimo SWOT, pois ficaria algo como FOFA e convenhamos: não dá para levar a sério uma análise FOFA.

Pense na posição que imagina estar ocupando no futuro. Aplique a análise SWOT em relação a essa posição.

Forças

Para definir as **forças** recorre-se ao estudo das *competências*. Perguntas típicas:

- O que sei fazer bem?

- O que faço melhor que meus concorrentes (aqueles que poderiam ocupar meu posto na empresa)?

- Quais processos domino melhor que meus concorrentes?

- Que vantagens eu poderia oferecer em relação aos meus concorrentes?

Lembre-se: quanto mais realista for essa análise, mais chances de chegar a um bom plano estratégico. Nem modéstia, nem condescendência nessa hora, apenas realismo.

Fraquezas

Para se definir as **fraquezas** recorre-se à análise das limitações ou desvantagens em relação aos concorrentes. Perguntas típicas:

- O que faço pior que os meus concorrentes?

- Quais as limitações que me impedem de ser melhor que os meus concorrentes?

- O que os concorrentes fazem melhor que eu?

- O que preciso melhorar para obter uma real vantagem competitiva?

- Onde pareço "engessado", rígido demais, frente à concorrência?

Ao analisar seus pontos fortes e fracos você começará a visualizar se o seu plano é realista ou não.

Caso a lista de seus pontos fracos seja muito grande em relação aos seus pontos fortes, você estará em desvantagem competitiva em comparação aos outros postulantes.

Assim, ou você realinha seu plano para um prazo mais realista, que permita trabalhar na redução de suas fraquezas e ampliação de suas forças ou realinha sua meta estratégica, escolhendo um alvo (posição) mais coerente com suas competências e para o qual sua lista de fraquezas seja menor.

Se sua lista de pontos fortes for muito grande e sua lista de pontos fracos for muito pequena, guarde a folha de papel e deixe para fazer isso novamente outro dia. Pode ser que esteja muito condescendente consigo mesmo.

Lembre-se: este exercício é íntimo, feito para você, não deve ser compartilhado; portanto, não tente se enganar. Não tenha vergonha de mostrar a verdade a si mesmo.

Caso, em um outro dia, você ainda encontre uma enorme vantagem em relação às competências já desenvolvidas para a posição que postula, é hora de conversar com o chefe sobre seu futuro na empresa.

Oportunidades

Quais as oportunidades que se apresentam?

A análise das oportunidades permite que você encontre as respostas sobre o *timing* e forma correta para realizar um movimento estratégico de carreira.

Se você tentar um movimento de carreira cedo demais, poderá encontrar dificuldades para tentar novamente quando a oportunidade realmente estiver a sua frente.

Oportunidades e ameaças, ao contrário de forças e fraquezas, são fatores externos.

Para definir as **oportunidades** é necessário uma boa compreensão do ambiente em que está atuando.

Perguntas típicas:

- Quais necessidades dos clientes não estão sendo bem atendidas pelos atuais ocupantes ao cargo que postulo?

- Quais as "brechas" deixadas pelos concorrentes (aqueles que poderiam ocupar o cargo que almejo)?

- Quais as futuras tendências ainda não atendidas por mim ou pelos meus concorrentes?

- Há alguma situação extremamente favorável a mim em relação aos meus concorrentes?

"Toda vez que há mudança há oportunidade. Então é fundamental que uma organização se mantenha energizada em vez de paralisada."

— Jack Welch[5]

Substitua a palavra "organização" por "pessoa" e entenderá como Jack Welch pode lhe ajudar a encontrar as oportunidades.

É imprescindível procurar as oportunidades, "garimpar" as possíveis mudanças no cenário. Quem melhor identificar as mudanças em curso ou por ocorrer, melhor se posiciona frente à concorrência.

Na China, não existe um ideograma único para se escrever a palavra **crise**. Essa palavra é representada por dois ideogramas agrupados que, individualmente, representam as palavras **risco** e **oportunidade**. Preciso explicar?

Ameaças

Quais as verdadeiras ameaças ao seu plano?

As ameaças representam os impedimentos atuais ou futuros para atingir a posição desejada.

Perguntas típicas:

Fui Promovido! E Agora?

- Quais obstáculos encontrarei pelo caminho?

- Quais as mudanças que podem me atrapalhar?

- Quais as novas tecnologias que poderão ser dominadas pelos concorrentes, antes de mim?

- O que os concorrentes podem oferecer que eu não posso?

Suas fraquezas, em geral, poderiam se traduzir em ameaças, caso seus concorrentes não as apresentarem.

Visão

Da mesma forma que toda empresa deve ter uma **visão,** todo indivíduo deveria estabelecer para si próprio uma meta de longo prazo. Essa meta deve estabelecer como e onde ele se 'imagina' no futuro. É a representação do que deve nos inspirar a progredir, assim, podemos dizer que é o pano de fundo do planejamento estratégico de carreira.

A visão deve responder às questões:

- Onde quero ir?

- O que estou construindo?

Uma boa declaração de visão deve ser capaz de articular os sonhos de um indivíduo, de maneira que seu esforço seja direcionado para que essa visão se concretize.

As boas "visões" de empresas aglutinam as energias e as direcionam, propiciando foco. Norteiam, de modo que sabemos para onde "remar o barco". Se você conseguir uma visão de futuro que seja realmente inspiradora e que lhe mantenha focado, terá grande vantagem competitiva em relação à maioria das pessoas, que não "remam", apenas "velejam".

Para entender o que é uma visão inspiradora, analise, por exemplo, a visão da Revlon:

"Provide glamour, excitement and innovation through quality products at affordable prices."

Ou, em português seria algo como: "Proporcionar glamour, excitação e inovação através de produtos de qualidade e preços acessíveis".

A Revlon não promete beleza e sim glamour. Promete o que pode cumprir. Pense nisso quando estiver visualizando seu futuro. Pode cumprir o que estabeleceu em sua visão?

A missão de uma empresa pode ser menos óbvia do que se imaginaria. A Revlon, por exemplo, sabe que sua missão não é produzir e vender cosméticos. Há muitos anos, seu fundador Charles Revson[6] (Sim, é Revson mesmo) afirmou: "*Na fábrica produzimos cosméticos, nas lojas vendemos esperança*".

Acho muito difícil definir sua missão, pois ela mudará com a mudança de cargo, empresa ou pela própria pressão do mercado. Mais difícil ainda seria estabelecer um uso prático para ela. A missão é a declaração concisa do propósito e das responsabilidades da empresa perante seus *stakeholders*. Por que a empresa existe, o que ela se propõe fazer e para quem.

Sinceramente, creio que para um bom plano de carreira, o que realmente pode fazer a diferença é o estabelecimento de uma visão de futuro inspiradora.

Valores

Os **valores** são princípios, ou crenças, que norteiam a conduta, as atitudes e o jeito de ser das pessoas que agem em nome da empresa. Os valores são inegociáveis, devem ser incorporados por todos em uma organização.

Os valores devem explicitar sua personalidade e o seu caráter. Os valores de uma pessoa não podem ser criados numa sessão de planejamento estratégico, devem representar a pessoa como ela é e não como deveria ser. Eles traduzem as escolhas que você faz, do ponto de vista humano, ético, ambiental, social etc.

Conhecer seus valores é um diferencial importante.

Questões Críticas

Um ótimo plano estratégico tem de levar em consideração as questões críticas para o sucesso, em torno das quais se estabelecerão as ações e metas.

A análise SWOT é a fonte principal de informação para a escolha e a priorização das questões críticas, mas não é a única.

Questões relativas à disponibilidade de recursos, podem não ter sido incluídas na SWOT, mas virão a ser determinantes no sucesso ou não do plano estratégico.

Limite-se a estabelecer no máximo cinco ou seis questões críticas para o sucesso.

Metas e Objetivos

Uma vez que a *visão* e os *valores* estiverem claros e a análise SWOT estiver concluída, com as questões críticas já priorizadas, passa-se ao estabelecimento das metas e objetivos, o "coração" do plano estratégico.

As **metas** devem estabelecer o que você considera necessário para atingir o sucesso.

Os **objetivos** devem ser o desdobramento das metas e devem estabelecer o que é necessário para que as metas sejam atingidas. Assim, dividimos o desafio em partes pequenas, mensuráveis e realizáveis. A cada objetivo atingido, você está mais próximo de alcançar uma determinada meta. A cada meta atingida, você está mais próximo de alcançar sua visão.

Se "bem definidas", as metas serão o verdadeiro "motor" que o conduzirá em direção à sua visão de futuro.

O conjunto de metas estratégicas formará o plano de ação que, durante alguns anos, o manterá no caminho escolhido.

As metas e objetivos estratégicos devem passar por um teste de verificação. Esse teste consiste de quatro afirmações. Se, ao analisar uma meta, você concluir que todas as quatro afirmações são verdadeiras, tal meta passou no teste, caso contrário, deve ser reescrita.

As quatro afirmações são:

- A meta estratégica contribui claramente para me levar rumo à visão estabelecida.

- A meta estratégica é realista e alcançável.

- A meta estratégica é estabelecida de forma que o seu progresso possa ser medido e acompanhado.

- A meta estratégica é estabelecida de forma clara e simples, podendo ser desdobrada facilmente em objetivos, nas diferentes áreas de competência que preciso desenvolver.

Mais uma Última Sugestão

Sei que esse processo pode lhe parecer muito difícil. Não me entenda mal, mas não parece difícil, é difícil mesmo!

Se a receita fosse simples, qualquer um faria, inclusive seus concorrentes, e então não haveria nenhuma vantagem competitiva para você. Muito poucas coisas são tão difíceis quanto o desenvolvimento do autoconhecimento e o planejamento em longo prazo.

Lembre-se de que estou lhe propondo um processo. Dê-se o direito de errar, de repetir o processo, de melhorar a si mesmo e ao seu plano de vida.

Para alcançar seu autoconhecimento mais rapidamente, eleja um "tutor". Deve ser aquela pessoa que você acredita ter as condições de ajudá-lo. Raramente será seu chefe. Pode até mesmo ser uma pessoa de fora da empresa, desde que tenha experiência e predisposição para ajudá-lo.

Consiga dessa pessoa o compromisso de ouvi-lo e lhe dar os *feedbacks* honestos sobre sua postura, atitude e atuação. Tem de haver cumplicidade entre você e seu tutor, para poderem se comunicar de maneira honesta e aberta. Para obter melhores feedbacks, exponha-se! Diga como está se vendo em determinada situação e depois pergunte como a outra pessoa lhe vê. Esteja preparado para ouvir algo diferente do que "vê" em si mesmo. Somente com essas diferenças identificadas, você poderá tirar proveito dos *feedbacks*.

Se for para ignorar os *feedbacks*, não os peça.

Depois de seguir minha "receita" e caprichar na sua execução e se ainda assim não der certo, prepare-se, pois como em *Alice no País das Maravilhas*, o CEO de sua empresa poderá agir como a Rainha de Copas e dizer: — *Cortem-lhe a cabeça!* Como eu não me perdoaria em terminar um livro com a frase acima, prefiro usar estas últimas linhas para lhe desejar uma carreira de sucesso e que as páginas que acaba de ler contribuam na construção do grande profissional que você será.

Boa carreira!

Notas e referências

Capítulo 1

1. Deming, W. Edwards. *Qualidade: A revolução da administração* – 1ª ed. Rio de Janeiro: Editora Marques Saraiva, 1990 p. 131. O poema japonês citado por Deming lhe chegou ao conhecimento por meio de Edward W. Barankin em "Probability and the East", Annals of the Institute of Statistical Mathematics (Tóquio), vol. 16 (1964), p. 216.
2. Robbins, Anthony. *Poder sem limites* – 20ª ed. São Paulo: Editora Best Seller, 1987 p. 218.
3. Deming, W. Edwards. *Qualidade: A revolução da administração* – 1ª ed. Rio de Janeiro: Editora Marques Saraiva, 1990 p. 111.
4. Em junho de 2009 a General Motors entrou com um pedido de concordata nos EUA e anunciou a possibilidade de encerrar as atividades em 17 fábricas além de vender várias marcas para tentar se recuperar de grave crise financeira.
5. Thomas Wade Landry (11/09/1924 – 12/02/2000) foi um jogador e treinador de futebol americano. Tornou-se uma lenda ao dirigir o Dallas Cowboys onde se tornou um dos maiores e mais inovadores treinadores da história. Criou muitas novas formações e métodos. Foi considerado o treinador do ano pela NFL em 1966 e pela NFC em 1975.
6. Learning and Teaching Styles In: *Engineering Education,* Richard M. Felder, North Carolina State University, Linda K. Silverman, Institute for the Study of Advanced Development [Engr. Education, 78(7), 674–681 (1988)]

    Richard M. Felder nasceu em Nova York em 1939; é professor emérito de Engenharia Química na Universidade Estadual da Carolina do Norte, coautor do livro *Elementary Principles of Chemical Processes*, um texto largamente utilizado em cursos de engenharia química, publicou mais de 300 artigos nas áreas de engenharia química e educação. Desde 1991 é diretor da American Society for Engineering Education. (fonte:Wikipédia).

Linda Kreger Silverman é doutora em psicologia educacional na Universidade de Denver. Em seu artigo "The visual-Spatial Learner; An Introduction" dividiu crianças em dois grupos, as auditivas-sequenciais e as visuais-espaciais. É possível compreender as diferenças nesses grupos no site: http://www.gifteddevelopment.com/ Visual_Spatial_Learner/vsl.htm.

Capítulo 2

1. *Vincent Thomas Lombardi* (11/06/1913 – 03/09/1970) foi um treinador de futebol americano. Treinou o *Green Bay Packers* de 1959 a1967, ganhando cinco campeonatos da liga americana nos nove anos em que dirigiu a equipe. Aposentou-se em 1968 e retornou após um ano de aposentadoria para dirigir os *Washington Redskins* em 1969, vindo a falecer em 1970. Venceu os dois primeiros *"Super Bowls"* disputados. O troféu Vince Lombardi é entregue anualmente ao time vencedor do *"Super Bowl"*, confronto que decide o campeão da *National Football League* – NFL.

Capítulo 3

1. A frase original de *John W. Holt, Jr.* tem mais um parágrafo e diz: "If you're not making mistakes, you're not taking risks, and that means you're not going anywhere. The key is to make mistakes faster than the competition, so you have more changes to learn and win". John W. Holt, Jr. é coautor do livro *"Celebrating Your Mistakes"*.
2. http://www.nba.com/history/players/jordan_stats.html (consultado em setembro de 2008).
3. Gates, Bill. *Business @ the Speed of Thought*. Succeeding in the Digital Economy. NovaYork: Warner Books Inc., 2000 p. 185.
4. A citação de *Arie de Geus*, da Dutch Royal Shell: a "The ability to learn faster than your competitors may be the only sustainable competitive advantage." é também atribuída a *Peter Senge* em seu livro *A Quinta Disciplina*. No site de Arie de Geus, você encontrará a frase: "So, a contact was made with the Harvard Business Review about the possibility of writing a paper based on his experiences. The resulting article, 'Planning as Learning', published in 1988, did a great deal to cement his reputation both inside and outside Shell. Within two years (and boosted by the publication of Peter Senge's book, *'The Fifth Discipline'*) the organizational-learning

movement began to really take off". Daí talvez a atribuição da citação ora a um ora ao outro.

5. *Eric Sink* é um escritor e profissional de desenvolvimento de softwares. Autor de *Eric Sink on the Business of Software* (2006). Foi o fundador da empresa SourceGear.

Capítulo 4

1. Segundo o Aurélio, salário se origina do latim *salariu*, ração de sal, soldo.
2. Inamori, Kazuo. *Paixão pelo Sucesso*. São Paulo: Makron Books, 1997, p. 28. *Kazuo Inamori* nasceu em Kagoshima, Japão em 1932. Aos 27 anos, fundou a Kyocera Corporation (que incorporou a Yashica do Brasil em 1983), empresa de alta tecnologia. Abriu sua primeira subsidiária fora do Japão em 1969, na Califórnia, EUA. Em 1984, fundou a DDI Corporation, primeira empresa privada de telecomunicações no Japão. Em 1992, iniciou a primeira instalação na América a produzir componentes e peças em cerâmica para automóveis em larga escala. Recebeu por duas vezes o título de administrador mais eficiente do Japão.

Capítulo 5

1. Robbins, Anthony. *Poder sem limite*. 20ª ed. São Paulo: Editora Best Seller, 1987 p. 218.
2. Para Jean Piaget, a aprendizagem é um processo que começa no nascimento e acaba na morte. A aprendizagem dá-se através do equilíbrio entre a assimilação e a acomodação, resultando em adaptação. Segundo esse esquema, o ser humano assimila os dados que obtém do exterior, mas uma vez que já tem uma estrutura mental que não está "vazia", precisa adaptar esses dados à estrutura mental já existente. Uma vez que os dados são adaptados a si, dá-se a acomodação. Para Piaget, o homem é o ser mais adaptável do mundo. Isso revela que nenhum conhecimento nos chega do exterior sem que sofra alguma alteração de nossa parte. Ou seja, tudo o que aprendemos é influenciado por aquilo que já tínhamos aprendido. (fonte: wikipédia). No texto *"O que é construtivismo"*, Fernando Becker, professor de Psicologia da Educação da Faculdade de Educação de Universidade Federal do Rio Grande do Sul (UFRGS), explica assim o conceito de construtivismo: "Entendemos que construtivismo na Educação poderá ser a forma teórica ampla que reúna as várias tendências atuais do pensamento educacional. Tendências que têm em comum a insatisfação com um sistema educacional que teima (ideologia) em continuar essa forma particular de transmissão que é a Escola, que consiste em fazer repetir, recitar,

202   Fui Promovido! E Agora?

aprender, ensinar o que já está pronto, em vez de fazer agir, operar, criar, construir a partir da realidade vivida por alunos e professores, isto é, pela sociedade – a próxima e, aos poucos, as distantes. A Educação deve ser um processo de construção de conhecimento ao qual acorrem, em condição de complementaridade, por um lado, os alunos e professores e, por outro, os problemas sociais atuais e o conhecimento já construído ("acervo cultural da humanidade")". Fonte: http://www.crmariocovas.sp.gov.br/pdf/ideias_20_p087-093_c.pdf .

Capítulo 6

1. Thomas Malcolm Muggeridge (24/03/1903 – 14/11/1990) foi jornalista, escritor e acadêmico britânico.
2. Oslo Manual – Guidelines for collecting and Interpreting Innovation Data – 3ª ed. – OECD and Eurostat – Organisation for economic co-operation and development statistical office of the European communities (consultado em setembro de 2008, p. 33, no site: http://www.finep.gov.br/imprensa/sala_imprensa/manual_de_oslo.pdf.em)
3. *Deming* usa a expressão "causa especial", enquanto *Shewhart* usou a expressão "causa atribuível". Deming afirma: "Prefiro o adjetivo especial para uma causa que é específica para certo grupo de trabalhadores ou para um trabalhador específico de produção ou para uma máquina específica ou para uma condição específica de trabalho. A palavra usada não é importante; o conceito é. Esta é uma das grandes contribuições do dr. Shewhart ao mundo".
4. *Deming* esclarece: "(...) o termo causas comuns foi usado pela primeira vez, tanto quanto eu saiba, numa conversa em 1947 com o dr. Harry Alpert (falecido) sobre a questão dos distúrbios nas prisões."
5. Oslo Manual (Guidelines for collecting and Interpreting Innovation Data). 3ª ed. OECD and Eurostat – Organization for economic co-operation and development statistical office of the European communities. Consultado via internet no site do Ministério de Ciência e Tecnologia do Brasil em setembro de 2008: http://www.mct.gov.br/upd_blob/0005/5068.pdf . A FINEP traduziu o manual para o português que está disponível no site: http://www.finep.gov.br/imprensa/sala_imprensa/manual_de_oslo.pdf

Capítulo 7

1. Zygmunt Bauman (19/11/1925) é um sociólogo polonês que iniciou sua carreira na Universidade de Varsóvia. Teve livros e artigos censurados até ser afastado da universidade em 1968. Trabalhou posteriormente no Canadá, Estados Unidos, Austrália e Grã-Bretanha.

Atualmente, é professor emérito de Sociologia nas Universidade de Leeds e Varsóvia.

2. "What Gen Y Really Wants" artigo da Time de 05 de Julho de 2007, por Penelope Trunk, consultado na internet em outubro de 2008 no link: http://www.time.com/time/magazine/article/0,9171,1640395,00.html.

3. A definição das Gerações X e Y é relativamente recente. Usei algumas referências que, para facilitar o entendimento do leitor, preferi adaptar, combinar e complementar em vez de usar a transcrição precisa e literal das fontes. Seguem as principais fontes consultadas e que serviram de base para as definições:

   a. "Segmentação na propaganda religiosa: Bola de Neve Church e o evangelho para a geração Y", apresentado por Eduardo Refkalefsky e Aline de Araujo Durães, da Universidade Federal do Rio de Janeiro, apresentado no XXX Congresso Brasileiro de Ciências da Comunicação – Santos – 29 de agosto a 2 de setembro de 2007, no qual citam Madia de Souza, Francisco Alberto. *Marketing Trends 2001*. São Paulo: Makron, 2002, consultado no site: http://www.intercom.org.br/papers/nacionais/2007/resumos/R0132-3.pdf, em outubro de 2008.

   b. Entrevista de Don Tapscott à *InformationWeek*, consultada na internet em outubro de 2008 no link: http://www.itweb.com.br/noticias/index.asp?cod=48473.

   c. Artigo do professor João Baptista Brandão, da Fundação Getúlio Vargas, de 06 de junho de 2008, para a *Information Week Brasil* e ITweb, no link:_http://www.itweb.com.br/noticias/index.asp?cod=48474, consultado em outubro de 2008.

   d. http://en.wiktionary.org/wiki/baby_boomer.

   e. http://en.wiktionary.org/wiki/Generation_X.

   f. http://en.wiktionary.org/wiki/Generation_Y.

   g. http://www2.uol.com.br/aprendiz/guiadeempregos/executivos/info/artigos_121201.htm.

   h. Artigo de Stephanie Armour para USAToday "Generation Y : They've arrived at work with a new attitude", consultado no site: http://www.usatoday.com/money/workplace/2005-11-06-gen-y_x.htm, em outubro de 2008.

Capítulo 8

1. Usei uma tradução livre da citação de Scott Adams, em ingles: "I'm slowly becoming a convert to the principle that you can't motivate people to do things, you can only demotivate them. The primary job of the manager is not to empower, but to remove obstacles". O termo "empower" não tem uma tradução direta e adequada para o

204 Fui Promovido! E Agora?

português que possa ser usada em todas as situações. Traduzi "empower" por "transferir poder", que achei mais adequada à situação, mas poderia ser traduzido também por "capacitar" ou "habilitar". Scott Adams é o cartunista americano, criador da série *Dilbert*. Nasceu em 1957, em Windham, Nova York. Supõe-se que o personagem *Dilbert* teria sido inspirado nos anos em que Adams trabalhou para a Pacific Bell.

Capítulo 9

1. Robert Charles Benchley *(1889–1945)* nasceu em Worcester, Nova *York. Foi escritor, colunista de jornal, ator de cinema, editor e humorista. Enquanto cursava a Harvard University já havia iniciado sua carreira como colunista da publicação humorística Harvard Lampoon. Posteriormente se tornou colunista da* Vanity Fair *e do* The New Yorker. *Também fez sucesso em Hollywood com curtas metragens, ganhando o prêmio da Academia em 1935 com o curta* How to Sleep. *Atuou no filme* Foreign Correspondent, *de Alfred Hitchcock. Uma outra frase famosa de sua autoria é :* "Levei quinze anos para descobrir que não sabia escrever, mas aí não podia mais parar. Tinha ficado famoso demais..."

Capítulo 10

1. Oscar Fingal O'Flahertie Wills Wilde (Dublin, 16 de outubro de 1854 – Paris, 30 de novembro de 1900) foi um escritor irlandês. Em 1892, iniciou uma série de comédias de sucesso, hoje clássicas da dramaturgia britânica: *O leque de lady Windernere* (1892), *Uma mulher sem importância* (1893), *Um marido ideal* e *A importância de ser fervoroso (ambos de 1895)*. Publicou contos como *O príncipe feliz* e *O rouxinol e a rosa*, que escrevera para os seus filhos, e *O crime de Lord Artur Saville*. O seu único romance foi *O retrato de Dorian Gray*.

2. Charles Martin "Chuck" Jones (21 de setembro de 1912 – 22 de fevereiro de 2002) foi um animador, cartunista, roteirista, produtor e diretor de desenhos animados. É famoso por seu trabalho com os curtas das séries Looney Tunes e Merrie Melodies do departamento de desenhos animados do estúdio Warner Bros. Dirigiu muitos dos desenhos animados clássicos com os personagens Pernalonga, Patolino, Papa-Léguas e Coiote, Pepe Le Pew e outros personagens da Warner. Depois que sua carreira na Warner terminou em 1962, Jones fundou a companhia Sib Tower 12 Productions com o produtor Les Goldman e produziu desenhos animados para a Metro-Goldwyn-Mayer. Em 1994, fundou sozinho seu próprio estúdio, a Chuck Jones Film Productions, no qual criou vários filmes, além de trabalhar periodicamente com os personagens da série Looney Tunes.

Notas e Referências   205

Capítulo 12

1. Joseph Rudyard Kipling foi um escritor e poeta britânico nascido em Bombaim na Índia em 1865, ganhador do prêmio Nobel de Literatura. Ele escreveu o poema:
   "I keep six honest serving-men
   (They taught me all I knew);
   Their names are What and Why and When
   And How and Where and Who.
   I send them over land and sea,
   I send them east and west;
   But after they have worked for me,
   I give them all a rest. I let them rest from nine till
       five,
   For I am busy then,
   As well as breakfast, lunch, and tea,
   For they are hungry men.
   But different folk have different views;
   I know a person small
   She keeps ten million serving-men,
   Who get no rest at all!"
2. Billy Grahan (nome completo: William Franklin Graham Jr.) É um pregador evangélico norte-americano nascido em 7 de novembro de 1918 em Charlotte, Carolina do Norte. Foi conselheiro espiritual de vários presidentes norte-americanos.

Capítulo 13

1. William Clement Stone (1902-2002) foi um homem de negócios, filantropo e escritor de livros de autoajuda. Entre suas citações há esta: "O pensamento não superará o medo, mas a ação sim".
2. Immanuel Kant ou Emanuel Kant (1724 - 1804) foi um filósofo alemão, geralmente considerado como o último grande filósofo dos princípios da era moderna. Depois de um longo período como professor secundário de geografia, começou em 1755 a carreira universitária ensinando Ciências Naturais. Em 1770, foi nomeado professor catedrático da universidade de Königsberg, cidade da qual nunca saiu, levando uma vida monotonamente pontual e só dedicada aos estudos filosóficos. Realizou numerosos trabalhos sobre ciência, física, matemática etc. Kant é famoso sobretudo pela elaboração do denominado idealismo transcendental: todos nós trazemos formas e conceitos *a priori* (aqueles que não vêm da experiência) para a experiência concreta do mundo, os quais seriam de outra forma impossíveis de determinar.

Capítulo 14

1. John Quincy Adams (1767-1848) nasceu em Massachusetts. Foi o sexto norte-presidente dos Estados Unidos. Era o filho mais velho do segundo presidente norte-americano, John Adams.
2. John J. Gabarro é professor de Gerenciamento de Recursos Humanos da Fundação UPS, Emérito em Comportamento Organizacional na Harvard Business School. É o autor ou coautor de oito livros, incluindo *When Professionals Have to Lead.*
3. John Paul Kotter (nascido em 1947) é professor da Harvard Business School e autor reconhecido como uma autoridade em liderança e processos de mudança. Kotter é autor de vários livros, como: *Our Iceberg is Melting* (2006); *Leading Change* (1996); *The Heart of Change* (2002); *WhatLleaders Really Do* (1999); *Corporate Culture and Performance* (1992), *A Force for Change* (1990), *The Leadership Factor* (1998), *Power and Influence* (1985), entre outros.
4. Anthony Lee Iacocca, nascido em Allentown, em 15 de outubro de 1924, é um famoso industrial do setor automobilístico dos Estados Unidos. Foi presidente da Ford Motor Company e do Grupo Chrysler.

Capítulo 15

1. Chester L. Karrass é o autor de vários livros no campo da negociação, como: "The Negotiating Game; Give and Take: The Complete Guide to Negotiating Strategies and Tactics", *In Business As in Life, You Don't Get What You Deserve, You Get What You Negotiate*; *Effective Negotiating: Workbook and Discussion Guide*, entre outros. É o presidente de sua própria empresa de consultoria e treinamento em negociação.

Capítulo 16

1. Platão nasceu em Atenas em 428 a.C.
2. O termo *Shih* tem várias traduções possíveis. No livro *A Arte da Guerra*, publicado pela Editora Europa-América, de Portugal, o termo é traduzido como *energia*, que nomeia o capítulo V, porém são também citadas outras três possibilidades de tradução numa nota de rodapé na página 72, que são: força, influência e autoridade. Eu preferi excluir no texto a alternativa "força" por não se aplicar ao conceito em discussão.
3. Tzu, Sun. *A Arte da Guerra.* Portugal: Europa América. p. 72.
4. Hampton, David R. *Administração Contemporânea.* 2ª ed. São Paulo: McGraw-Hill do Brasil, 1983. p. 12.
5. Hampton, David R. *Administração Contemporânea.* 2ª ed. São Paulo: McGraw-Hill do Brasil, 1983. p. 14.

6. Hampton, David R. *Administração Contemporânea.* 2ª ed. São Paulo: McGraw-Hill do Brasil, 1983. p. 17.

Capítulo 17

1. *Stakeholder* (em português, parte interessada ou interveniente), é um termo usado em administração que se refere a qualquer pessoa ou entidade que afeta ou é afetada pelas atividades de uma empresa. O termo foi usado pela primeira vez pelo filósofo Robert Edward Freeman. Segundo ele, os *stakeholders* são um elemento essencial ao planejamento estratégico de negócios. De maneira mais ampla, compreende todos os envolvidos em um processo, que pode ser de caráter temporário (como um projeto) ou duradouro (como o negócio de uma empresa ou a missão de uma organização). O sucesso de qualquer empreendimento depende da participação de suas partes interessadas e, por isso, é necessário assegurar que suas expectativas e necessidades sejam conhecidas e consideradas pelos gestores. De modo geral, essas expectativas envolvem satisfação de necessidades, compensação financeira e comportamento ético. Cada interveniente ou grupo de intervenientes representa um determinado tipo de interesse no processo. O envolvimento de todos os intervenientes não maximiza obrigatoriamente o processo, mas permite achar um equilíbrio de forças e minimizar riscos e impactos negativos na execução desse processo. Uma organização que pretende ter uma existência estável e duradoura deve atender simultaneamente as necessidades de todas as suas partes interessadas. Para fazer isso, ela precisa "gerar valor", isto é, a aplicação dos recursos usados deve gerar um benefício maior do que seu custo total (Fonte: Wikipédia).

2. Shapiro, B. P. *What the hell is market oriented?* Harvard Business Review. Dezembro de 1988, v. 66, p.119-125. Usei uma tradução livre a partir da citação em inglês: "After years of research, I'm convinced that the term "market oriented" represents a set of processes touching on all aspects of the company. It's a great deal more than the cliché "getting close to the customer". Shapiro continua dizendo: "Since most companies sell to a variety of customers with varying and even conflicting desires and needs, the goal of getting close to the customer is meaningless. I've also found no meaningful difference between 'market driven' and 'customer oriented', so I use the phrases interchangeably. In my view, three characteristics make a company market driven."

Capítulo 18

1. Neils Henrick David Bohr (1885 – 1962) foi um físico dinamarquês cujos trabalhos contribuíram decisivamente para a compreensão da

208 Fui Promovido! E Agora?

estrutura atômica e da física quântica. Recebeu o prêmio Nobel de Física em 1922. Um ano depois de ter se refugiado na Inglaterra, devido à ocupação nazista da Dinamarca, Bohr mudou-se para os Estados Unidos, onde ocupou o cargo de consultor do laboratório de energia atómica de Los Alamos. Nesse laboratório, alguns cientistas iniciavam a construção da bomba atômica. Bohr, compreendendo a gravidade da situação e o perigo que essa bomba poderia representar para a humanidade, dirigiu-se a Churchill e Roosevelt, num apelo à sua responsabilidade como chefes de Estado, tentando evitar a construção da bomba atômica. Mas a tentativa de Bohr foi em vão. Em 1957, recebeu o prêmio Átomos para a Paz. Seu filho, Aage Neils Bohr também conquistou o premio Nobel de Física em 1975.

2. Lewis Carroll é o pseudônimo de Charles Lutwidge Dodgson (Cheshire, 27 de janeiro de 1832 – Guildford, 14 de janeiro de 1898) foi um escritor e matemático britânico. Lecionava matemática no Christ College, em Oxford. Escreveu *Alice no país das maravilhas* (1865) e *Alice através do espelho* (1872), entre outros.

3. Arthur Charles Clarke, mais conhecido como Arthur C. Clarke (Minehead, 16 de dezembro de 1917 – Colombo, 19 de março de 2008), foi um escritor e inventor britânico, autor de obras de divulgação científica e de ficção científica como o conto *The Sentinel*, que deu origem ao filme *2001: Uma Odisséia no Espaço* e o premiado *Encontro com Rama*.

4. James Grover Thurber (8 de dezembro de 1894 a 2 de novembro de 1961) foi um humorista e cartonista americano. Thurber foi especialmente conhecido pelas suas contribuições (*cartoons* e pequenas histórias) para a revista *The New Yorker*.

5. John Frances Welch Jr., mais conhecido como Jack Welch (Salem, 19 de novembro de 1935), fez carreira na General Eletric, onde tornou-se o principal executivo, fechou e desativou unidades além de ter comprado várias companhias. Em sua gestão, de 1981 a 2004, o valor de mercado da companhia saltou de 14 bilhões para 410 bilhões de dólares. Jack Welch lançou vários livros, sendo os principais: *Jack Definitivo: Segredos do Executivo do Século* e *Paixão por Vencer: A Bíblia do Sucesso*, com sugestões de como obter sucesso na vida executiva.

6. Charles Haskell Revson (1906– 1975) empresário norte-americano, fundou e dirigiu a empresa de cosméticos Revlon por cinco décadas.